GREGOR GYSI
Marx und wir

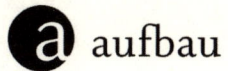 aufbau

GREGOR GYSI

Marx und wir

Warum wir
eine neue Gesellschaftsidee
brauchen

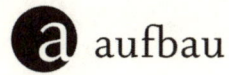 aufbau

Mitarbeit
Hans-Dieter Schütt
Olaf Miemiec

Mit 6 Fotos

MIX
Papier aus verantwor-
tungsvollen Quellen
FSC® C083411

ISBN 978-3-351-03720-8

Aufbau ist eine Marke der Aufbau Verlag GmbH & Co. KG

1. Auflage 2018
© Aufbau Verlag GmbH & Co. KG, Berlin 2018
Einbandgestaltung zero-media.net, München
Satz LVD GmbH, Berlin
Druck und Binden CPI books GmbH, Leck, Germany
Printed in Germany

www.aufbau-verlag.de

Ich habe mein Leben lang das getan, wozu ich gemacht war, nämlich zweite Violine spielen, und glaube auch, meine Sache ganz passabel gemacht zu haben. Und ich war froh, so eine famose erste Violine zu haben wie Marx.

FRIEDRICH ENGELS

Inhalt

Menschen passen in kein Modell

*Eine Wandzeitung mit langem Bart – Die Klassiker
in den Trümmern der DDR – »Das Kapital« im
Einkaufswagen – Autorität allzu leichtgenommen:
Zitate statt wirklicher Argumente – Der Irrtum von
Norbert Blüm – Scheinbar aussichtslose Ziele sind
oft der beste Antrieb*

Das Marx-Engels-Denkmal auf dem Berliner Marx-Engels-Forum. Warum sitzt Marx?

Einer bundesdeutschen Zeitschrift beantwortete ich einen Fragebogen, der auch wissen wollte, wie ich einem Blinden mein Äußeres beschriebe. Ich gab an: »Groß, kräftig, dichte blonde Locken.« Worauf die Redaktion einige Leserbriefe erhielt, von denen einer auch veröffentlicht wurde: »Von einem Linken hätten wir natürlich erwartet, dass sich seine Phantasie in dieser Frage an Karl Marx orientiert: dichter langer Bart und wallendes dunkler Haar.« Stimmt. Ist mir aber damals nicht eingefallen.

Allerdings kann ich sagen, dass ich mit der Frisur von Marx (und Engels) durchaus sehr reale politische Erfahrungen machte, und das sehr früh. In den sechziger Jahren in der DDR begannen junge Leute lange Haare zu tragen. Es war die Zeit der unaufhaltsam einsetzenden »Beatlemania«, deren Ausdrucksformen über die Grenze drangen. Der älteren Generation missfiel dies, dem Staat noch mehr, und wie immer verfiel man in der Administrative in den fundamentalen, ja geradezu lächerlichen Irrglauben, der Jugend Kleidung, Aussehen, Musik oder Geschmack vorschreiben zu können. In der DDR ging das so weit, dass die Volkspolizei oder Vorgesetzte in den Betrieben junge Leute zwangen, zum Frisör zu gehen. Mitunter griff man schon vorher zum erzieherischen Strafinstrument: zur Schere. Die Zeitung »Neues Deutschland« veröffentlichte agitatorische, gleichsam abmahnende Fotos, wie sogenannte Gammler gewaltsam barbiert wurden.

Ich besuchte damals die Erweiterte Oberschule »Heinrich Hertz« in Berlin-Adlershof. Zwei Mädchen meiner Klasse gestalteten eine Wandzeitung. Darauf waren zwei sehr attraktive Bilder zu sehen, eines von Karl Marx und das andere von Friedrich Engels. Beide trugen die bekannten langen Haare. Meine Mitschülerinnen fragten in ihrem Textbeitrag, wie die beiden wohl von der Volkspolizei der DDR behandelt würden. Wenn man um die damaligen Verhältnisse im Staat weiß, kann man sich sehr gut vorstellen, wie aufgebracht und nervös der Direktor in unsere Klasse kam. Er fragte barsch nach dem Funktionär, der in der FDJ-Leitung der Klasse verantwortlich für »politisch-ideologische Fragen« sei. Typisch für das Prinzip der Kader-Hierarchie: Man erkundigt sich nicht nach den unmittelbar Verantwortlichen, also nach den beiden Mitschülerinnen, sondern nach den »Übergeordneten«.

Die Sache geschah im Monat März. Die Wahl der FDJ-Leitung hatte im September des Vorjahres stattgefunden. Ich selber war an jenem Wahltag krank und hatte also an der betreffenden Versammlung nicht teilgenommen. Also ging mich jetzt dieses Erkundigen und Nachfragen nichts an. Aber plötzlich beugte sich die FDJ-Sekretärin zu mir vor und flüsterte, man habe mich »damals«, in meiner Abwesenheit, zum Verantwortlichen für politisch-ideologische Fragen bestimmt.

Nunmehr, wie gesagt, stand der Kalender auf März. Bis dahin hatte die FDJ-Leitung nicht ein einziges Mal getagt, so dass ich von der »Ehre« dieser Wahl nichts erfuhr. Nun meldete ich mich selbstverständlich, ich wollte die seltsame Situation nicht denunzieren. Der Direktor bat mich, mit in sein Zimmer zu kommen. Er forderte mich auf, für Ordnung zu sorgen, was bedeutete: Die Wandzeitung sollte unverzüglich abgehängt werden.

Ich hörte mir das an und gab zu bedenken, dass diese Idee nicht besonders klug sei. Das Erstaunen des Pädagogen kann man sich vorstellen. Auf erneute Nachfrage erklärte ich, eine abrupte Entfernung der Wandzeitung würde aus einer doch recht harmlosen Angelegenheit ein auffälliges, Widerspruch auslösendes Politikum machen. Klüger wäre, nicht zu reagieren, die Sache also so beiläufig wie möglich zu behandeln. So hielte sich alle Aufregung gewiss in Grenzen – und am Ende der Woche würde ich dafür sorgen, dass das *corpus delicti* von der Wand genommen wird. Der Direktor dachte kurz nach und ließ sich auf meinen Vorschlag ein.

In jener Zeit also begegneten mir Karl Marx und Friedrich Engels, wenn auch vorwiegend wegen ihrer Haartracht. Bald darauf trug ich selber auch längere Haare. Ich weiß: sich das vorzustellen, fordert Leuten, die mich erst sehr viel später kennenlernten, eine gewisse Phantasie ab. Mir selber inzwischen auch. Und mit einem ironischen Lächeln zitiere ich Marx: »Das Leiden gehört zum Selbstgenuss des Menschen.«

*

Karl Marx war in der DDR außerordentlich präsent, seine Werke wurden zitiert, sein Leben und seine Persönlichkeit waren Gegenstand von Büchern und Filmen. Dabei ist es einerseits bemerkenswert, welche Werke von ihm hervorgehoben, welche Seiten seines Lebens stärker und welche schwächer dargestellt wurden. Um es deutlich zu sagen: Es fand eine gewisse Verklärung statt. Das wäre kulturell nicht so schlimm gewesen, wenn Zitate von Karl Marx (auch von Friedrich Engels und Wladimir Iljitsch Lenin) in den Geisteswissenschaften der DDR nicht dazu benutzt worden wären, Beweisführungen zu ersetzen. Ein Zitat von einem dieser drei genügte als Beleg. Das nahm den Betreibern der Geisteswissenschaften, um es milde auszudrücken, etwas den Schneid: Man verlernt schnell, seine Thesen plausibel zu untermauern.

Andererseits muss man sagen, dass diejenigen in der DDR, die sich ernsthaft mit dem Werk von Karl Marx beschäftigten, durchaus mit Widerständen zu ringen hatten. Denn es sollte in der Forschung stets ein Ergebnis präsentiert werden, das die DDR bestätigte. Das freilich gaben die Werke von Karl Marx nicht so ohne weiteres her. Zu den herausragenden, kritischen Marx-Kennern gehörten der Philosoph und Logiker Georg Klaus, der Philosophiehistoriker Helmut Seidel, der

14

Historiker Ernst Engelberg, der Ökonom Jürgen Kuczynski. Die Liste ist bei weitem nicht vollständig.

*

Nachdem ich Bürger der Bundesrepublik Deutschland geworden war, begegnete mir dort ein gänzlich anderes Bild von Karl Marx. Verantwortliche Politiker gingen grundsätzlich davon aus, dass Marx im Wesentlichen unrecht hatte. Sie wussten, dass er nicht dumm war, aber auch Intelligenz schließt ja bekanntlich Irrtümer nicht aus. Das Verhältnis zu Marx war in der Bundesrepublik schon deshalb gestört, weil man ihn in der DDR und in anderen staatssozialistischen Ländern so außerordentlich hervorgehoben hatte. Interessant ist, dass es diese Vorurteile, diese abschätzige Distanz auch in der westdeutschen Wissenschaft gab, wo man ja grundsätzlich eine andere, gründliche, souverän unideologische Betrachtungsweise erwartet.

Natürlich gab es herausragende Wissenschaftler, die sich sehr ernsthaft und weiterführend mit den Werken von Marx auseinandersetzten. Dazu zähle ich zum Beispiel Theodor W. Adorno, Jürgen Habermas, Wolfgang Fritz Haug. Doch das änderte an der grundlegenden Skepsis in Politik, Wissenschaft und Kultur wenig. Einzig zu bestimmten Jahrestagen oder im Rahmen der außerparlamentarischen Opposition spielten die Werke von Marx und Engels, der sogenannten Klassiker, auch in der alten Bundesrepublik eine größere Rolle. Das hatte auch Auswirkung

15

auf die Wissenschaft, vor allem in den siebziger Jahren.

Nach Herstellung der deutschen Einheit schien es zunächst völlig müßig, den Versuch zu unternehmen, in der gesamten Bundesrepublik ein differenziertes Bild von Marx zu zeichnen. Die Bürger der untergegangenen DDR waren zu einem großen Teil mit ihm fertig. Irgendwie gingen sie davon aus, dass die DDR sein Werk war – das nun in Trümmern lag.

Trotzdem saß der Wunsch in mir tief, einen Beitrag für eine andere politische Kultur zu leisten – und dazu gehört auch ein anderer Umgang mit und eine andere Sicht auf Karl Marx. Und scheinbar aussichtslose Ziele können mich gelegentlich faszinieren.

*

Während meines Jurastudiums war ich verpflichtet, viele Werke von Marx, Engels und Lenin zu lesen. Dabei stellte ich fest, dass ich Engels besonders gern las. Für mich strahlte er nicht nur Intelligenz, sondern vor allem Wärme aus. Er hatte einen durchaus pädagogischen Stil, der aber auf ebenso seltsame wie seltene Weise etwas Einnehmendes hatte. Engels verfügte über einen einfacheren Stil als Marx, war also auch leichter zu lesen, aber selber nicht sehr tief ins Wissenschaftliche eingedrungen.

Beim »Kapital« las ich Band 1 und räume freimütig ein, dass mich das ziemlich anstrengte. Im Vorwort zur ersten Auflage hatte Karl Marx behauptet, er habe im

Unterschied zur »Kritik der politischen Ökonomie« seine Aussagen popularisiert. So? Darüber hätte ich gern mit ihm gestritten.

Gern wird zwischen dem Früh- und dem Spätwerk von Marx unterschieden. Das geschieht wohl bei jedem Geistesschaffenden, bei jedem bedeutenden Denker. Leben ist keine Einbahnstraße, kein glatter Pfad. Wenn man die Werke von Marx aus jeweils unterschiedlichen Zeiten liest, gewinnt man also unterschiedliche Erkenntnisse, ergeben sich Unterschiede im aufgegriffenen Themenfeld, widerspricht sich einiges. Seine Quellen waren die großen Philosophen, die bedeutenden Wirtschaftswissenschaftler und die utopischen Kommunisten. Er versucht, den Idealismus zu überwinden; er erklärt, dass es die materiellen Dinge und Verhältnisse sind, die letztlich über unser Denken und Fühlen entscheiden; er untersucht die Logik des Produktionsprozesses, erklärt beeindruckend, weshalb bestimmte Dinge passieren und andere eben nicht. Schließlich prognostiziert er eine kommunistische Gesellschaft. Und in all dem ist er ein begnadeter Schreiber, glüht in poetischen Bildern und trefflichen Metaphern.

Es darf nicht vergessen werden, dass er auch an den politischen Auseinandersetzungen seiner Zeit teilnahm. Sein Auftreten führte dazu, dass er in Deutschland verfolgt wurde, so dass er in die Emigration ging. Sein dauerhafter Wohnort wurde so London. Deutschland hatte nicht die Kraft, ihn auszuhalten, England schon. Unter aktuellen Gesichtspunkten darf man explizit darauf hinweisen, dass Karl Marx ein Flüchtling war, außerdem noch ein politischer und staatenlos. Die deutsche Staatsbürgerschaft verlor er, die englische erhielt er nicht.

Schon zu seinen Lebzeiten kam der Begriff des Marxisten auf. Wahrscheinlich erkannte Karl Marx schon damals die Gefahr: dass unter einer solch strengen Festlegung des Begriffs eine Theorie zum Dogma verkommen könne. In einem Brief berichtet Friedrich Engels: Als Karl Marx hörte, es gebe Marxisten, hat er kategorisch betont, er selber sei keiner.

*

Man kann ohne Übertreibung sagen, dass das »Kapital« von Karl Marx nicht nur zu den bedeutendsten Werken dieses Autors zählt, sondern zu den wichtigsten Texten des 19. Jahrhunderts überhaupt. Es ist von heute aus gesehen natürlich leicht, mögliche Schwächen auszumachen, Irrtümer, Fehleinschätzungen, auch zeitbedingte Grenzen.

Die ökonomischen Vorstellungen und Theorien des Aufklärungsliberalismus vor dem 19. Jahrhundert, von John Locke bis Adam Smith, unterstellten immer eine Verträglichkeit der kapitalistischen Praxis mit den Prinzipien des Naturrechts und gingen somit davon aus, dass der Kapitalismus naturgewollt war. Natürlich war das pure Ideologie. Marx hielt dem ein Projekt der Wissenschaft entgegen: Es gehe nicht darum, Theorien so zu formulieren, dass sie auf irgendwelche ideologischen Annahmen passten, sondern darum, die ökonomischen Praxisformen auf den Begriff zu bringen. Was sich moralisch, politisch oder in anderer Hinsicht daraus ergeben könnte, sei eine andere Sache. Auch die Marktfixierung der Neoliberalen basiert auf einem reinen Dogma, einer ideologischen Idealvorstellung und theoretischen Fiktion: der puren Marktökonomie. Die gibt es nicht, die kann es auch nicht geben, schon weil es noch die Menschen gibt – die mehr sind als nur Elemente in einem theoretischen Modell.

Marx hat unter anderem gesehen, dass der kapitalistischen Konkurrenz ein Ziel innewohnt, das zum Monopol führt. Das Monopol stellt Abhängigkeiten zu anderen Marktteilnehmern, wie etwa Zulieferern, her, und es kann Monopolpreise bestimmen. Nicht umsonst gibt es in entwickelten kapitalistischen Ländern Kartellämter, die das verhüten sollen. Just das offenbart aber, dass nicht der Markt selbst, sondern allenfalls die Politik etwas gegen die Monopolisierungstendenzen unternehmen kann. Wer Kapitalismus und freie Märkte miteinander identifiziert, der übersieht fahrlässig oder absichtsvoll diese Tendenz zur Monopolisierung. Schon deshalb ist es kein Wunder, dass Karl Marx für die eher orthodoxen Ökonomen ein Störenfried war und ist.

Das Monopol bezeichnete Marx als Fessel der Produktivkräfte. Wenn man schaut, wie die Energiekonzerne die Energiewende verschlafen haben, wenn man daran denkt, wie die deutschen Autokonzerne die Perspektiven ökologischer Mobilität verspielten und diese durch Softwaremanipulation nur vorgaukeln, anstatt die Intelligenz ihrer Ingenieure für ein Zukunftsauto zu nutzen, und wenn man sich schließlich vor Augen führt, dass Konzerne wie die großen Banken sich lieber vom Staat, das heißt von dessen Bürgerinnen und Bürgern, die auch dafür Steuern zahlen müssen, retten lassen, als pleitezugehen – dann sieht man, dass allzu große Kapitalkonzentrationen ein Entwicklungs-hemmnis für unsere Gesellschaften sind. Naheliegend wären Maßnahmen, die von der Entflechtung bis hin zur Sozialisierung reichen können.

Aus solchen Zuspitzungen hat Marx das relativ schnelle Herannahen der Revolution gefolgert. Und damit weit gefehlt. Auch ein Genius bleibt gebunden ans Grunderleben jedes großen Abenteuers: Versuch und Irrtum.

*

»Das Kapital« wird in diesem Büchlein eine bestimmende Rolle spielen. Ich bin kein Wissenschaftler, kein Bio-graph, aber ich gestehe meine Faszination: Es ist aufre-gend, sich mit Marx zu befassen; es ist spannend, an wel-cher Stelle des Werkes auch immer, in eine Historie zu tauchen – und erstaunlich oft bei Fragen und Problemen der Gegenwart wieder ans Licht zu kommen. Leider war in der politischen Geschichte – gerade des Staatssozialis-mus – oft genug ein behaupteter Fortschritt der Vernunft verbunden mit einem Rückschritt des wirklichen, des kritischen, des verändernden Denkens. Wenn man Marx liest, brummt das Hirn, aber man atmet dennoch auf. Nicht, weil man Lösungen serviert bekommt oder eine lupenreine Lehre studiert. Sondern weil geschieht, was der Marx-Biograph Jürgen Neffe so beschrieben hat: »Marx zu lesen gleicht immer wieder dem Gang zum

Doktor, der einem haarklein auseinanderlegen kann, was aus dem Lot ist (…) allein schon zu wissen, womit man es zu tun hat, weil das Leiden plötzlich einen Namen bekommt, verringert das Gefühl der Hilflosigkeit.«

Und so denke ich auf den kommenden Seiten ein wenig über Themen nach, die aus meinem politischen Alltag heraus auf die Spur von Karl Marx locken, die das Wissen um sein Werk etwas vertiefen, und vielleicht wächst auf dieser Spur ein Quäntchen Kraft – im Einsatz für eine verlässlich emanzipatorische Linke. Vielleicht so etwas wie Fußnoten im Kopf, mit Lust systemlos, Randnotizen zu jenen dickleibigen Büchern, die sich dem Jubilar widmen, der vor 200 Jahren geboren wurde.

Vor einiger Zeit gab es eine sehr spezielle Aufführung der Theatergruppe Rimini Protokoll, sie bot einen dokumentarischen Abend: »Karl Marx – Das Kapital, Erster Band«, und ist damit durch Deutschland gereist. Das soll hier nur erwähnt werden, weil es doch inzwischen eine große, vielfarbige Bandbreite des Interesses gibt, sich mit den Bedingungen, Problemen, Bedrängungen des Kapitalismus zu befassen, in dem wir leben – und Marx ist eben nicht nur der theoretisch-weltanschauliche Exot aus der Ecke der Linken, der Roten. Er ist ein Diagnostiker auch unserer Zeit.

Der Theaterabend war auch deshalb interessant, weil in dieser Inszenierung Thomas Kuczynski auftrat, Sohn des bereits erwähnten legendären Politökonomen, Kriminalroman-Fanatikers und Marx-Kenners in der DDR, Jürgen Kuczynski. Acht Menschen kamen auf der Bühne zu Wort, berichteten über ihre sehr persönliche Beziehung zum Geld, zum Glanz und Elend des Mehrwerts, zum Glück des Gewinns und zum Unglück des Verlustes.

In einem bühnenbreiten Regal stand vielerlei, natürlich zuallererst »Das Kapital« – klassisch blau aus der MEGA des Dietz-Verlages (Marx-Engels-Gesamtausgabe). Dazu Marx und Lenin in Gips und Bronze. Ein Fach war rot ausgeleuchtet, es stand eine Blumenvase darin. Einen Teil des Regals füllte sogar ein Spielautomat aus. Und plötzlich schlurfte mit einem Einkaufswagen Thomas Kuczynski herein, der Ökonom, der gerade an einer neuen kritischen »Kapital«-Ausgabe arbeitete. Im Einkaufswagen »Das Kapital, Erster Band« in Blindenschrift. Diese Ausgabe wurde gebraucht, denn an einem Plattenspieler an der Seitenbühne stand ein Blinder, ein Mann aus Hamburg. Kuczynski konnte mit dem Blinden-Band nichts anfangen, der Hamburger nichts mit dem blauen Dietz-Wälzer. Das war sie: eine erste Lektion über Wert und Gebrauchswert.

Der Mann aus Hamburg legte alte Schlager auf, Musik aus der frühen bundesdeutschen Werbung; Konsumentenfang, geradezu rührend. Er hatte sich schon mehrfach bei Günther Jauchs »Wer wird Millionär?« beworben, bislang vergeblich. Der Traum vom zufälligen Reichtum, auch er gehört zum privaten Utopiehaushalt des Menschen. Weitere Mitwirkende: ein Elektriker aus Düsseldorf, er lebte lange im Rausch des Glücksspiels, inzwischen war er Leiter einer Selbsthilfegruppe für Spieltüchtige in der Diakonie geworden.

Aber Geld kann man auch direkt verbrennen, ohne den Umweg des Spiels: Ein Mitgründer des einstigen Kommunistischen Bundes Westdeutschlands erzählte, wie er es mehrfach vor Passanten getan hat – Konsumprotest eines Ex-Maoisten, der dann zum Management-Trainer für asiatische Unternehmen wurde.

Und da war noch ein lettischer Filmemacher, kurz nach dem Krieg in Deutschland geboren – er erzählte vom Rückweg in die Sowjetunion. Eine Frau in Polen wollte ihn, für viele Lebensmittel, seiner Mutter abkaufen; sie meinte, der Junge käme nicht durch. Die Mutter blieb standhaft; der Lette: »So wurde ich sehr früh schon mal fast zur Ware.« Ein weiterer Mitspieler, der eines Tages seine EC-Karte zerschnitten hatte, um sich selber vom Geld abzuschneiden, behauptete kalt, jeder Mensch sei käuflich. Und jetzt sagte der Lette hart und entschieden: »Meine Mutter nicht!« Daraufhin die Antwort des anderen: »Dann stimmte nur der Preis nicht.«

Was dieser Abend geboten hat, war ein Kaleidoskop der Arten, in Kreisläufe des Geldes verstrickt zu werden. Marx und wir. Ein junger Mann im Che-Guevara-Shirt kam ebenfalls auf die Bühne: ein DKP-Mitglied, bekennender Revolutionär. Aber wie beginnt eine Revolution? Vielleicht damit, einen Cola-Becher vor einer McDonald's-Filiale auszukippen? Thomas Kuczynski verteilte »Das Kapital« im Publikum. Fast alle Leute griffen zu. Wer würde es lesen?

*

Im August 1990 erklärte der bundesdeutsche Arbeitsminister Norbert Blüm in Gdańsk: »Karl Marx ist tot, Jesus lebt.« Schon damals konnte ich über diesen Spruch nur den Kopf schütteln. Dass Jesus und Gott leben müssen, auch Buddha, Allah und jener Ewige, dessen Namen die Juden aus Ehrfurcht vor Gott nicht aussprechen – das war auch einem Atheisten wie mir seit jeher klar. Aber Norbert Blüm war damals bei weitem nicht der einzige, der das Ende der Geschichte gekommen sah und meinte, es mit solchen Sprüchen begleiten zu müssen. Heute, ich bin sicher, würde er seine Worte nicht wiederholen. Alles, was ich von ihm höre und lese, spricht dafür, dass er inzwischen weiß, dass Jesus nur mit Karl Marx zusammen leben kann. Im Übrigen haben wir beide eher ein gutes Verhältnis zueinander, Blüm ist jenseits seiner Ämter ein äußerst kritischer CDU-Politiker geworden. Ich fühle mich mit ihm allein schon durch einen Witz verbunden. Wir betreten zu zweit eine Kneipe, er ruft in Richtung Theke: »Zwei Kurze!« Antwort des Wirtes: »Das sehe ich – und was wollen Sie trinken?«

Bei Karl Marx kam ich da besser weg. Jedenfalls bei den roten Statuen, die Ottmar Hörl entwarf und die vor einigen Jahren zu Hunderten auf dem Porta-Nigra-Platz in Marx' Geburtsstadt Trier plaziert wurden. Zur Eröffnung stand ich zwischen diesen Figuren, und es hieß, ich sei ja größer als Marx. Nichts gegen Eitelkeit, nur ist die Frage, ob du sie beherrschst oder sie dich. Jedenfalls konnte ich ohne Übertreibung erwidern: »Nein, größer als Marx bin ich bestimmt nicht – aber länger schon.«

Kein Pfifferling für Popularität

Ein fiktives Interview über: Verbrüderung des Unmöglichen – Die Macht eingebildeter Götter – Politik gemeinsam mit dem Teufel – Tränenbäche, nächtelang – Aktienschwindel und Goldregen – Kapital als verstorbene Arbeit

DDR-Witz: Ein Hammerwerfer schleudert Weltrekord. Auf die Frage, was seine nächsten Pläne seien, antwortete er: »Jetzt kommt die Sichel dran.«

Das Folgende ist ein Spiel: ein fiktives Interview mit – Karl Marx. Das Genre hat eine lange Tradition. In der Antike gab es die Götter- und Totengespräche. Gegen die Kraft des Todes, der sich die Körper nahm, wurde die Kraft des Geistes gesetzt, der weitersprach. In der Gegenwart gibt es die »Dialoge zwischen Unsterblichen, Lebendigen und Toten«, die Hans Magnus Enzensberger erfand. Viele Schriftsteller betrieben derartige Fiktionen. Im Fernsehen liefen Sendereihen, in denen Personen der Geschichte, längst verstorbene Berühmtheiten interviewt wurden – Pfarrer Friedrich Schorlemmer etwa sprach mit Martin Luther.

Denkt man sich erst einmal in ein solches »Gespräch« hinein, wird die Phantasie wach. Man wird sogar ein bisschen anmaßend und träumt sich unmögliche Begegnungen herbei. Man wird regelrecht übermütig, ganz im Sinne Hölderlins, der schrieb: Wenn er träume, sei der Mensch ein Gott; wenn er nachdenke, nur ein Bettler. (Übrigens ein bedenkenswerter Satz für Politiker.) Ich bin ja seit Jahren leidenschaftlich gern Moderator, befrage interessante Leute – toll, nun auch einem gestorbenen Unsterblichen zu begegnen.

Also Karl Marx. Wie wäre er gewesen, hätte es so ein Interview geben können? Selbst wenn man nur mit dem Genre spielt – der Betreffende verwandelt sich unwillkürlich in etwas Lebendiges. Es heißt ja, Marx habe sehr behaarte Hände gehabt, in jungen Jahren sei noch der rheinische Stimmklang zu hören gewesen – und zum Lebensende hin ließ er sich, krankheitsbedingt, das Wallehaar und den Rauschebart abschneiden.

Eifersüchtig soll er gewesen sein, durchaus auch eitel, aber Wilhelm Liebknecht erlebte ihn in einem Londoner Vereinslokal – im »Ausschuss zur Unterstützung deutscher Flüchtlinge« unterrichtete er Nationalökonomie für Arbeiter: »Marx ging methodisch vor. Er stellte einen Satz auf – möglichst kurz –, und erläuterte ihn dann in einer längeren Ausführung, bei der er sich mit äußerster Sorgfalt bemühte, alle den Arbeitern unverständlichen Ausdrücke zu vermeiden. Dann forderte er die Zuschauer auf, Fragen an ihn zu richten. Geschah dies nicht, so fing er an zu examinieren, und das tat er mit solchem pädagogischem Geschick, dass ihm keine Lücke, kein Missverständnis entging.«

Von einem preußischen Spitzel wird berichtet, der das Haus der Familie umschlich. Wurden hinter diesen Mauern Terroranschläge vorbereitet? Auch ein Journalist recherchierte: »Ich schnüffelte nach Petroleum, aber überall roch es nach Rosen.« Und ein Reporter der US-amerikanischen Zeitschrift »World« besucht ihn in London und notiert beeindruckt: »Können

Sie sich eine Büste von Sokrates vorstellen, des Mannes, der lieber starb, als sich den Göttern seiner Zeit zu unterwerfen, dessen fein geschwungene Stirn in einen kleinen Höcker ausläuft, gefolgt von der Nase in Form eines halben Topfhakens? Lassen Sie eine solche Büste vor Ihrem geistigen Auge erscheinen, färben Sie den Bart schwarz mit grauen Einsprengseln, setzen Sie diesen Kopf auf einen stattlichen Körper mittlerer Größe, und Sie sehen den Doktor vor sich. Werfen Sie einen Schleier über den oberen Teil des Gesichts, und Sie sind in der Gesellschaft eines geborenen Kirchenältesten. Enthüllen Sie den wichtigsten Zug, die mächtigen Brauen, und Sie wissen sofort, dass Sie es mit einer formidablen Persönlichkeit zu tun haben – einem denkenden Träumer oder einem träumenden Denker.«

1880, drei Jahre vor seinem Tod, weilte Karl Marx in der Grafschaft Kent, in einem der dortigen Seebäder. Ein Reporter der »New York Times« interviewte ihn und berichtete von der Begegnung sehr berührend: »Das Gespräch drehte sich um die Welt und um den Menschen und um die Zeit und um Ideen, als wir unsere Gläser über der See klingen ließen (…) kam mir eine Frage in den Sinn, die das letzte Gesetz des Seins berührt, und auf die ich mir eine Antwort von diesem Weisen erhoffte. Indem ich die Stimme senkte und die Betonung erhöhte, in einem Moment der Stille, befragte ich den Revolutionär und Philosophen mit diesen schicksalsschweren Worten: ›Was ist?‹ Und es schien, als hätte sich sein Geist für einen Augenblick nach in-

29

nen gekehrt, während er auf die tosende See vor uns blickte und auf die rastlose Menschenmenge auf dem Strand. ›Was ist?‹ hatte ich mich erkundigt, worauf er mit tiefem und feierlichem Ton erwiderte: ›Kampf!‹«

Zu Technik und Quellen des folgenden »Gesprächs«: Die »Antworten« von Marx sind allesamt Originalzitate aus seinen Büchern, Schriften, Artikeln und Briefen; eine Collage aus Darstellungen und Selbstdarstellungen aller Art. Sie folgen freilich keiner chronologischen Ordnung. Auch meine fragenden Einschübe nehmen keine Rücksicht darauf, welchem Jahr welche Auskunft zugeordnet werden müsste. Das ist die Freiheit, die ich mir nehme.

Gerade von Marx sind im Laufe der Zeit einige solcher »Gespräche« veröffentlicht worden, vor allem in Tageszeitungen. Häufige Praxis ist, Fragen mit sehr aktuellem Bezug zu stellen und dann Marx antworten zu lassen, als sei er unser unmittelbarer Zeitgenosse und könne etwas zu Großer Koalition, Linkspartei und Trump sagen. Für eine solche Praxis kann man ungebremst im Werk wildern, und jeder gefundene Satz wird für jedes Thema manipulierbar. Das finde ich, ehrlich gesagt, billig. Mir ging es darum, möglichst im Leben, in der Zeit von Marx zu bleiben.

Nichts ist erfunden, nur Rechtschreibung und Schreibweise sind hier und da sanft modernisiert. Es geht bei diesem Spiel nicht um lexikalischen oder enzyklopädischen Ehrgeiz, es geht nicht um einen analytischen Kosmos, sondern frei und frank um Gott und die Welt. Es geht um Lusterweckung – fürs Original, also fürs Weiterlesen im Werk von Karl Marx. Die fiktive Befragung möchte dieser einen großen Faszination Ausdruck geben: dass ein bedeutender Vergangener in seinen Beobachtungen und Reflexionen dennoch so bedrängend unmittelbar zu uns reden kann. Um belanglose Dinge zu sagen, hätten Lebende genügt.

GREGOR GYSI: Verehrter Karl Marx, haben Sie eigentlich ein Gefühl für die eigene wissenschaftliche Leistung?
KARL MARX: Was mich nun betrifft, so gebührt mir nicht das Verdienst, weder die Existenz der Klassen in der modernen Gesellschaft noch ihren Kampf unter sich entdeckt zu haben. Bürgerliche Geschichtsschreiber hatten längst vor mir die historische Entwicklung dieses Kampfes der Klassen, und bürgerliche Ökonomen die Anatomie derselben dargestellt.

GG: Ihr Licht befindet sich jetzt tief unterm Scheffel.
KM: Was ich neu tat war 1) nachzuweisen, daß die Existenz der Klassen bloß an bestimmte historische Entwicklungsphasen der Produktion gebunden ist; 2) daß der Klassenkampf notwendig zur Diktatur des Proletariats führt, 3) daß diese Diktatur selbst nur den Übergang zur Aufhebung aller Klassen und zu einer klassenlosen Gesellschaft bildet.

GG: Von Revolution haben Sie geträumt, aber entscheidende Prägungen kamen von nachrevolutionären Zeiten. Was zum Beispiel war das Wesen der Jahre nach 1848?
KM: Ein Aufschub, den die Geschichte der alten euro-

päischen Gesellschaft gewährt hat, um ihr eine letzte konzentrierte Entfaltung all ihrer Tendenzen zu ermöglichen.

GG: Die da wären?
KM: In der Politik die Anbetung des Schwertes, in der Moral die allgemeine Korruption und heuchlerische Rückkehr zu überlebtem Aberglauben …

GG: Klingt sehr zeitlos.
KM: … in der politischen Ökonomie die Sucht, reich zu werden ohne Aufwand an Arbeit.

GG: Klingt noch zeitloser! Ein wichtiger Begriff in Ihrem Wortschatz ist: »Finanzkrise«.
KM: In der Tat kündigt der chronische Charakter, den die gegenwärtige Finanzkrise angenommen hat, nur einen heftigeren und unheilvolleren Ausgang dieser Krise an. Je länger die Krise andauert, um so schlimmer wird die Abrechnung. Europa befindet sich augenblicklich in der Lage eines Menschen am Rande des Bankrotts, der gezwungen ist, zugleich alle Unternehmungen weiter zu betreiben, die ihn ruiniert haben, und zu allen möglichen verzweifelten Mitteln zu greifen, mit denen er den letzten furchtbaren Krach aufzuschieben und zu verhindern hofft.

GG: Zeitlos bis dorthinaus.
KM: Es ergehen neue calls zur Zahlung auf das Kapital von Gesellschaften, die in der Mehrzahl nur auf

dem Papier existieren. Große Summen Bargeld werden in Spekulationen investiert, aus denen sie niemals zurückgezogen werden können.

GG: Mich interessiert noch einmal der Zustand nach gescheiterten Aufbrüchen. Nicht jeder Mensch, der an den Sieg einer Revolution glaubt, dann aber eine Niederlage erlebt, ist ja geistig flexibel, also gleichbleibend neugierig auf das, was nun als Folge kommt. Wie würden Sie die Psychologie von historisch Enttäuschten einschätzen?

KM: Der gewaltsame Niederschlag einer Revolution läßt in den Köpfen ihrer Mitspieler, namentlich der vom heimischen Schauplatz ins Exil geschleuderten, eine Erschütterung zurück, welche selbst tüchtige Persönlichkeiten für kürzere oder längere Zeit sozusagen unzurechnungsfähig macht. Sie können sich nicht in den Gang der Geschichte finden, sie wollen nicht einsehen, daß sich die Form der Bewegung verändert hat.

GG: Bewegung hin zu neuer Revolution?

KM: Eine neue Revolution ist nur möglich im Gefolge einer neuen Kritik. Sie ist aber auch ebenso sicher wie diese.

GG: Revolution – wie definieren Sie deren Bedingung?

KM: Auf einer gewissen Stufe ihrer Entwicklung geraten die materiellen Produktivkräfte der Gesellschaft in Widerspruch mit den vorhandenen Produktionsverhältnissen oder, was nur ein juristischer Ausdruck dafür ist, mit den Eigentumsverhältnissen, innerhalb

derer sie sich bisher bewegt hatten. Aus Entwicklungs-
formen der Produktivkräfte schlagen diese Verhältnisse in Fesseln derselben um. Es tritt dann eine Epo-
che sozialer Revolution ein. Mit der Veränderung der
ökonomischen Grundlage wälzt sich der ganze ungeheure Überbau langsamer oder rascher um.

**GG: Gerade in denen, die politisch, historisch besiegt
werden, obwohl sie so sehr das Gefühl hatten, die wahre
Alternative gewesen zu sein, gerade in diesen Menschen
wächst schnell das tröstliche Fieber, sie stünden bald
schon wieder vor einem neuen Umsturz. Sie sind perma-
nent revolutionär und merken nicht, dass sie einem
Phantom verfallen.**

KM: Je ohnmächtiger man war, wirklich eine neue Revolution herbeizuführen, desto mehr mußte man sich
diese zukünftige Eventualität im Geiste diskontieren,
im Voraus die Stellen verteilen und im antizipierten
Genuß der Macht schwelgen.

**GG: Wobei natürlich unumstritten bleibt: Die Menschen
machen ihre eigene Geschichte …**

KM: … aber sie machen sie nicht aus freien Stücken,
nicht unter selbstgewählten, sondern unter unmittelbar vorgefundenen, gegebenen und überlieferten Umständen.

**GG: In den ersten Jahren, da Sie in London lebten, haben
Sie an Friedrich Engels geschrieben, Sie säßen »vollständig auf dem Sand«.**

KM: In einer Wohnung, worin ich mein weniges Bares gesteckt und worin es unmöglich gewesen ist, sich von Tag zu Tag durchzupissen … Ich glaubte, die Quintessenz des Drecks verschluckt zu haben.

GG: Weiter hieß es in dem Brief: »Ich sehe nicht, wie ich mich herausarbeiten soll.« Ihr Kind starb.
KM: Der Tod ist kein Unglück für den, der stirbt, sondern für den, der überlebt.

Wenn so ein Zustand fortdauert, möchte ich lieber 100 Klafter tief unter der Erde liegen, als so fortvegetieren. Immer andern lästig fallen und dabei beständig selbst mit dem kleinsten Drecke gequält sein, ist auf die Dauer unerträglich.

GG: Bitte sagen Sie, wenn ich zu privat werde. Denn bei einem großen Geist wird man als Außenstehender schnell überfordernd und taktlos, also ungerecht: Ach, der! Der schafft doch ganz andere Dinge!
KM: Ich, persönlich, arbeite mir die Misere weg durch starke Beschäftigung mit allgemeinen Dingen. Meine Frau, of course, hat nicht dieselben Ressourcen.

GG: Wenn ich Sie weiter zitieren darf – Sie haben notiert: »Seit einer Woche habe ich den angenehmen Punkt erreicht, wo ich aus Mangel an den im Pfandhaus untergebrachten Röcken nicht mehr ausgehe und aus Mangel an Kredit kein Fleisch mehr essen kann. Das alles ist nun Scheiße … Ich habe den von Liverpool her datierenden Rock versetzt, um Schreibpapier zu kaufen.«

KM: Ich glaube nicht, daß unter solchem Geldmangel je über »das Geld« geschrieben worden ist.

GG: Geld ... das ist im Grunde Ihr gesellschaftsanalysierendes Lebensthema. Aber ich meinte zunächst noch den privaten Mangel.

KM: Mangel ist das Wort, das in meinem Falle wie eine Schönfärberei durch Blattgold wirken muß. Ich antwortete mit schnappendem Atem auf jedes Almosen. Meine Mutter, bei der von barem Geld nicht die Rede ist, die aber rasch ihrer Auflösung entgegengeht, hat einige frühere Schuldscheine, die ich ihr ausgestellt, vernichtet. Das war ein ganz angenehmes Resultat der zwei Tage, die ich bei ihr zubrachte.

GG: Wahrscheinlich ein Aspekt Ihrer Größe: an Geldmangel zu leiden und dann so überwältigend sinnlich Ihren Hauptfeind zu porträtieren. Das Geld!

KM: Es verwandelt die Treue in Untreue, die Liebe in Haß, den Haß in Liebe, die Tugend in Laster, das Laster in Tugend, den Knecht in den Herrn, den Herrn in den Knecht, den Blödsinn in Verstand, den Verstand in Blödsinn ... es ist die Verbrüderung der Unmöglichkeiten, es zwingt das sich Widersprechende zum Kuß.

GG: Nicht Liebe macht blind, sondern Geld?

KM: Jeder Mensch spekuliert darauf, dem anderen ein neues Bedürfnis zu schaffen, um ihn zu einem neuen Opfer zu zwingen, um ihn in eine neue Abhängigkeit zu versetzen und ihn zu einer neuen Weise des Genusses und damit des ökonomischen Ruins zu verleiten. Jeder sucht eine fremde Wesenskraft über den andern zu schaffen. Jedes Produkt ist ein Köder, womit man das Wesen des andern, sein Geld, an sich locken will, jedes wirkliche oder mögliche Bedürfnis ist eine Schwachheit, die die Fliege an die Leimstange heranführen wird … Wirkliche Taler haben dieselbe Existenz, die eingebildete Götter haben.

GG: Man betet an, was einen fesselt. Und nennt's Freiheit. Na ja, irgendwie ist es ja auch Freiheit.
KM: So groß die Kraft des Geldes, so groß ist meine Kraft … Das, was ich bin und vermag, ist also keineswegs durch meine Individualität bestimmt. Ich bin häßlich, aber ich kann mir die schönste Frau kaufen. Also bin ich nicht häßlich, denn die Wirkung der Häßlichkeit, ihre abschreckende Kraft ist durch das Geld vernichtet … Ich bin geistlos, aber das Geld ist der wirkliche Geist aller Dinge, wie sollte sein Besitzer geistlos sein?

GG: Zudem kann er sich geistreiche Leute kaufen.
KM: … und wer die Macht über die Geistreichen hat, ist der nicht geistreicher als der Geistreiche?

GG: Keine Gesellschaftsordnung glaubt daran, dass sie untergeht. Auch die deutsche Geschichte ist oft eine Geschichte von Siegern gewesen, die nicht aufhören konnten zu siegen und auch deshalb verloren. Man beschließt

einen politischen, einen Systemwechsel gern mit dem Satz: »Keine Experimente mehr!«, spricht von Alternativlosigkeit, um Verhältnisse festzumauern. Die kapitalistischen Verhältnisse – wie festgemauert sind sie?

KM: Eine Gesellschaft geht nie unter, bevor alle Produktivkräfte entwickelt sind, für die sie weit genug ist, und neue höhere Produktionsverhältnisse treten nie an die Stelle, bevor die materiellen Existenzbedingungen derselben im Schoß der alten Gesellschaft selber ausgebrütet worden sind. Daher stellt sich die Menschheit immer nur Aufgaben, die sie lösen kann.

GG: Lösbare Aufgaben – das bringt mich auf die Verfahrensweise innerhalb dieser Gesellschaft. In all den Jahren meiner politischen Tätigkeit habe ich es nie mit der reinen Lehre gehalten. Demokratie ist Beteiligung, eben an lösbaren Aufgaben. Sich unter keinen Bedingungen mit dem politischen Gegner gemein zu machen, das mag daher sehr stolz klingen, es kann aber auch verhängnisvolle, unfruchtbare Abkehr von der Realität bedeuten. Wer zum Beispiel erst dann Regierungsverantwortung übernehmen will, bis die Bedingungen herrschen, die er vorgibt, der betreibt Politik für den Sanktnimmerleinstag. Wer nicht kompromissfähig ist, ist nicht demokratiefähig – wer allerdings zu viele Kompromisse schließt, gibt seinen Charakter, seine Identität, auf. Den richtigen Weg dazwischen zu finden, dies macht den schwierigen Weg politischer Kunst aus. Was meinen Sie?

KM: In der Politik darf man sich, um ein bestimmtes Ziel zu erreichen, mit dem Teufel selbst verbünden …

GG: Sie machen eine Pause?

KM: … nur muß man die Gewißheit haben, daß man den Teufel betrügt und nicht umgekehrt.

GG: »Daher stellt sich die Menschheit immer nur Aufgaben, die sie lösen kann.« Das ist die politische Relativitätstheorie. Und nötige Praxis. Aber deshalb – und auch dagegen! – gibt es die Utopien, und immer wachsen sie nach. Ideen setzen etwas in die Welt, das dort auf Widerstand stößt und Probleme verursacht. So entsteht Bewegung. Die Idee einer gerechten Welt hat zum Beispiel bei Mächtigen das Bewusstsein für eine große Gefahr produziert: dass es wirklich zu einer gerechten Welt kommen könnte. So schuf die Idee von der Gerechtigkeit Problemräume und Konfliktkulturen, die es ohne diese Idee nicht gegeben hätte. Gerade in Zeiten der kapitalistischen Produktionsweise.

KM: Auf einem gewissen Höhegrad bringt sie die materiellen Mittel ihrer eignen Vernichtung zur Welt. Von diesem Augenblick regen sich Kräfte und Leidenschaften im Gesellschaftsschoße, welche sich von ihr gefesselt fühlen. Sie muß vernichtet werden, sie wird vernichtet.

GG: Herr Marx, was sagt der Wissenschaftler zu seiner Not, lange Zeit auch Journalist gewesen sein zu müssen? Da stehen sich doch der Moment und die Dauer widerstreitend gegenüber. Ein Journalist, vom Tag getrieben, muss mitunter erst mal schreiben, ehe er Zeit zu denken hat.

KM: Das beständige Zeitungsschmieren ennuyiert mich. Es nimmt mir viel Zeit weg, zersplittert und ist schließlich doch nichts. Unabhängig, soviel man will, man ist an das Blatt und das Publikum desselben gebunden, speziell, wenn man Barzahlung erhält wie ich. Rein wissenschaftliche Arbeiten sind etwas total anderes.

GG: Trotzdem diese Ausdauer jeden Tag, diese Selbstdisziplin! Also, ehrlich gesagt, ich bewundere das und erschrecke auch ein bisschen.

KM: Ich wäre längst auf der Bibliothek fertig. Aber die Unterbrechungen und Störungen sind zu groß, und zu Haus, wo alles immer nur im Belagerungszustand sitzt und Tränenbäche mich ganze Nächte durch ennuyieren und wütend machen, kann ich natürlich nicht viel tun.

GG: Ihre Frau …

KM: Meine Frau tut mir leid. Auf sie fällt der Hauptdruck.

GG: Wie muss man sich den Moment vorstellen, da Sie – Anfang 1867 – mit Ihrem wichtigsten Werk »Das Kapital« in die Schlussphase gehen, Sie also nach jahrelangen Vorarbeiten mit »Abschreiberei und Stilisierung« beginnen?

KM: Die Sache ging sehr flott voran, da es natürlich Spaß macht, das Kind glattzulecken nach so vielen Geburtswehen.

GG: Im Mai desselben Jahres kommen dann schon die ersten Druckfahnen.

KM: Ich hoffe und glaube zuversichtlich, nach Jahren soweit ein gemachter Mann zu sein, daß ich von Grund aus meine ökonomischen Verhältnisse reformieren und endlich wieder auf eignen Füßen stehen kann.

GG: Zu Ihrer Analyse der kapitalistischen Gesellschaft – mal ganz vereinfacht gesagt und nur ein Thema herausgegriffen: Wir produzieren und produzieren, um zu kaufen und zu kaufen. Wir denken, wir seien ganz bei uns, werden uns selber aber immer fremder.

KM: Dies nenne ich den Fetischismus, der den Arbeitsprodukten anklebt, sobald sie als Waren produziert werden, und der daher von der Warenproduktion unzertrennlich ist. Dieser Fetischcharakter der Warenwelt entspringt ... aus dem eigentümlichen gesellschaftlichen Charakter der Arbeit, welche Waren produziert ... Wie kommt es, daß der Handel, der doch weiter nichts ist als der Austausch der Produkte verschiedner Individuen und Länder, durch das Verhältnis von Nachfrage und Zufuhr die ganze Welt beherrscht – ein Verhältnis, das, wie ein englischer Ökonom sagt, gleich dem antiken Schicksal über der Erde schwebt und mit unsichtbarer Hand Glück und Unglück an die Menschen verteilt, Reiche stiftet und Reiche zertrümmert.

GG: Sie sagen, der Mensch verliere sich ...

KM: Sowie nämlich die Arbeit verteilt zu werden anfängt, hat jeder einen bestimmten ausschließlichen

Kreis der Tätigkeit, der ihm aufgedrängt wird, aus dem er nicht heraus kann … wenn er nicht die Mittel zum Leben verlieren will.

GG: Der Arbeiter, der webt …
KM: Der Arbeiter, der zwölf Stunden webt, spinnt, bohrt, dreht, baut, schaufelt, Steine klopft, trägt usw. – gilt ihm dies Weben, Spinnen, Bohren, Drehen, Bauen, Schaufeln, Steinklopfen als Äußerung seines Lebens, als Leben?

GG: Nun, es fragt sich zweifelsfrei aber auch, ob das, was Sie da benennen, je ausfüllender sein kann, als es naturgemäß ist – und ich weiß schon, Sie wollen solche Arbeit nicht schönreden, sondern eine Gesellschaft, die gerade wegen solcher (notwendiger!, aber oft eintöniger) Arbeit neue Zeitstrukturen und Betätigungsmöglichkeiten schafft. Das Elend des ausufernden Konsums, das wie Glück aussehen soll, nennen Sie: der »Mensch in der Bestimmung der Ware«.
KM: Indem der Kapitalist Geld in Waren verwandelt, … indem er ihrer toten Gegenständlichkeit lebendige Arbeitskraft einverleibt, verwandelt er Wert, vergangne, vergegenständlichte, tote Arbeit in Kapital, sich selbst verwertenden Wert, ein beseeltes Ungeheuer, das zu »arbeiten« beginnt, als hätt' es Lieb' im Leibe.

GG: »Als hätt' es Lieb' im Leibe« – ist das nicht Goethe, »Faust«?

KM: Das Kapital ist verstorbne Arbeit, die sich nur vampyrmäßig belebt durch Einsaugung lebendiger Arbeit und um so mehr lebt, je mehr sie davon einsaugt.

GG: Zitat Karl Marx: »Es steht dem Werte nicht auf der Stirn geschrieben, was er ist.«
KM: Der Wert verwandelt vielmehr jedes Arbeitsprodukt in eine gesellschaftliche Hieroglyphe.

GG: Das heißt: Wir verstricken uns – produzierend – in ein System, das wir nicht mehr durchschauen. Aber wir ahnen, dass da was faul ist. Wir sind satt und spüren gleichzeitig, wenigstens unterschwellig, dass unsere Sattheit viel zu tun hat mit dem Hunger in der Welt. Wir essen Schuldfleisch.
KM: Der bibelfeste Engländer wußte zwar, daß der Mensch, wenn nicht durch Gnadenwohl Kapitalist oder Landlord oder Sinekurist, dazu berufen ist, sein Brot im Schweiße seines Angesichts zu essen, aber er wußte nicht, daß er in seinem Brote täglich ein gewisses Quantum Menschenschweiß essen muß, getränkt mit Eiterbeulenausleerung, Spinnweb, Schaben-Leichnamen und fauler deutscher Hefe, abgesehn von Alaun, Sandstein und sonstigen angenehmen mineralischen Ingredienzien.

GG: Immer erst machen wir uns schuldig, und immer stehen wir dann fragend vor dem, was Sie eben die Hieroglyphe nannten.
KM: Später suchen die Menschen den Sinn der Hiero-

glyphe zu entziffern, hinter das Geheimnis ihres eignen gesellschaftlichen Produkts zu kommen, denn die Bestimmung der Gebrauchsgegenstände als Wert ist ihr gesellschaftliches Produkt so gut wie die Sprache ... In der kapitalistischen Gesellschaft macht der gesellschaftliche Verstand sich immer erst post festum geltend.

GG: Noch mal zur Hieroglyphe. Ja, wir stehen vor unserer Schuld wie in einem Labyrinth. Aber, weil Sie von Geheimnis sprachen: Es gibt da eine geradezu teuflische Ironie – bis zum Zeitpunkt Ihrer so radikalen Kapitalismus-Analyse haben nicht mal die eingefleischtesten Kapitalisten bewusst reflektieren können, was sie tun, wie Mehrwert, wie Profit entsteht. Sie, Herr Marx, haben ihnen das Betriebsgeheimnis ihrer Ordnung eröffnet, ihnen den Mehrwert klargemacht. Pardon, wenn ich etwas spitz sage: Sie sind der Retter des Kapitalismus, denn seit Ihrem »Kapital« weiß er, wie er funktioniert. Er kennt seine möglichen Totengräber und kann sich wappnen.

KM: Die moderne Industrie betrachtet und behandelt die vorhandene Form eines Produktionsprozesses nie als definitiv. Ihre technische Basis *ist* revolutionär ... Die Natur der großen Industrie bedingt daher Wechsel der Arbeit, Fluß der Funktion, allseitige Beweglichkeit des Arbeiters ... Man hat gesehn, wie dieser absolute Widerspruch alle Ruhe, Festigkeit, Sicherheit der Lebenslage des Arbeiters aufhebt, ihm mit dem Arbeitsmittel beständig das Lebensmittel aus der Hand zu schlagen und mit seiner Teilfunktion ihn selbst überflüssig zu machen droht; wie dieser Widerspruch

im ununterbrochnen Opferfest der Arbeiterklasse, maß-
losester Vergeudung der Arbeitskräfte und den Verhee-
rungen gesellschaftlicher Anarchie sich austobt.

**GG: Sie sagen: »Das Kapital, das so ›gute Gründe‹ hat, die
Leiden der es umgebenden Arbeitergeneration zu leugnen, wird in seiner praktischen Bewegung durch die zukünftige Verfaulung der Menschheit und schließlich
doch unaufhaltsame Entvölkerung so wenig und so viel
bestimmt als durch den möglichen Fall der Erde in die
Sonne.«**

KM: In jeder Aktienschwindelei weiß jeder, daß das
Unwetter einmal einschlagen muß, aber jeder hofft,
daß es das Haupt seines Nächsten trifft, nachdem er
selbst den Goldregen aufgefangen und in Sicherheit gebracht hat. Après moi le déluge!

GG: Nach mir die Sintflut!

KM: … ist der Wahlruf jedes Kapitalisten und jeder
Kapitalistennation … In unsern Tagen scheint jedes
Ding mit seinem Gegenteil schwanger zu gehen. Wir
sehen, daß die Maschinerie, die mit der wundervol-
len Kraft begabt ist, die menschliche Arbeit zu verrin-
gern und fruchtbarer zu machen, sie verkümmern
lässt und bis zur Erschöpfung auszehrt. Die neuen
Quellen des Reichtums verwandeln sich durch einen
seltsamen Zauberbann zu Quellen der Not … Das Vor-
handensein einer übertriebenen Anzahl nützlicher
Dinge endet in der Erschaffung einer übertriebenen
Anzahl von unbrauchbaren Menschen.

GG: Beschreiben Sie bitte, was das für Sie wäre, dies Gegenteil der Not: der nicht entfremdete, bei sich selbst angekommene Mensch?

KM: Setze den Menschen als Menschen und sein Verhältnis zur Welt als ein menschliches voraus, so kannst du Liebe nur gegen Liebe austauschen, Vertrauen nur gegen Vertrauen etc. Wenn du die Kunst genießen willst, mußt du ein künstlerisch gebildeter Mensch sein; wenn du Einfluß auf andre Menschen ausüben willst, mußt du ein wirklich anregend und fördernd auf andere Menschen wirkender Mensch sein. Jedes deiner Verhältnisse zum Menschen – und zu der Natur – muß eine bestimmte, dem Gegenstand deines Willens entsprechende Äußerung deines wirklichen individuellen Lebens sein. Wenn du liebst, ohne Gegenliebe hervorzurufen, d. h., wenn dein Lieben als Lieben nicht die Gegenliebe produziert, wenn du durch deine Lebensäußerung als liebender Mensch dich nicht zum geliebten Menschen machst, so ist deine Liebe ohnmächtig, ein Unglück.

GG: Wenn man Ihr eigenes Leben betrachtet: Sie schreiben, schreiben, schreiben.

KM: Sie wissen, daß ich mein ganzes Vermögen dem revolutionären Kampf geopfert habe.

GG: Geopfert?

KM: Ich bedaure es nicht. Im Gegenteil. Wenn ich mein Leben noch einmal beginnen müßte, ich täte dasselbe. Nur würde ich nicht heiraten.

GG: Auf Ihren Körper geachtet haben Sie schon in der Jugend kaum. Er hatte zu gehorchen.

KM: ... wie ich das Leben überhaupt betrachte als den Ausdruck eines geistigen Tuns, das nach allen Seiten hin, in Wissen, Kunst, Privatlagen dann Gestalt ausschlägt.

GG: Ein Dasein, als sei Unrast der einzige Lebenszweck. Und als habe die Kraft, die vom Denken ausgeht, kein Ende.

KM: Schon unsere physische Natur stellt sich oft drohend entgegen ...

GG: Eine Erkenntnis des Alters.

KM: ... und ihre Rechte wage keiner zu verspotten. Wir vermögen zwar, uns über dieselbe zu erheben; aber dann sinken wir desto schneller unter, dann wagen wir, ein Gebäude auf morsche Trümmer zu erbauen, dann ist unser ganzes Leben ein unglücklicher Kampf zwischen dem geistigen und körperlichen Prinzip.

GG: Konkret gesagt: eine Leberentzündung.

KM: Das ist erblich in unserer Familie. Mein Alter ist dran gestorben.

GG: So einiges hat Sie geplagt, nicht nur die Leber.

KM: Ich konnte wenig sprechen, und selbst das Lachen tat mir weh von wegen großer Eiterbeule zwischen Nase und Mund. Der Teufel soll solche Sch- 14 Tage am Kopfe durchmachen. Da hört aller Witz auf.

GG: Man sagt Ihnen nach, Sie seien Hypochonder.

KM: Meine Krankheit kommt immer aus dem Kopf.

GG: Der Dichter Molière meinte selbstironisch: »Alles ist Ausgleich: Wenn dir der Bauch wehtut, kommt dir die Seelenpein gering vor.«

KM: Gegen Gemütsleiden gibt es nur ein wirksames Antidot, und das ist körperlicher Schmerz. Setze den Weltuntergang auf die eine Seite und einen Mann mit akutem Zahnschmerz auf die andre!

GG: Die Unrast sprach ich deshalb an, weil man, zum Beispiel in Ihren Briefen, wenig Verweise auf Entspannungsmomente findet. Einzig die krankheitsbedingte Erholungspause zwingt Sie, den Blick mal ins Freie, in die Natur zu wenden. In Karlsbad etwa.

KM: Die Umgebung ist sehr schön, und man kann das Laufen durch und durch über die waldigen Granitberge nicht satt werden. Doch haust kein Vogel in diesen Wäldern.

GG: Auch hier gleich wieder Ihr analytischer Geist! Die Ausbeutung der Natur und deren Folgen!

KM: Die Tepl sieht ganz ausgesaugt aus. Die Entwaldung hat sie in den artigen Zustand versetzt, daß sie in regenreicher Zeit … alles überschwemmt, in heißen Jahren ganz alle wird … Vom Standpunkt einer höhern ökonomischen Gesellschaftsformation wird das Privateigentum einzelner Individuen am Erdball ganz so abgeschmackt erscheinen, wie das Privateigentum eines Menschen an einem andern Menschen. Selbst eine ganze Gesellschaft, eine Nation, ja alle gleichzeitigen Gesellschaften zusammengenommen, sind nicht Eigentümer der Erde. Sie sind nur ihre Besitzer, ihre Nutznießer und haben sie als gute Familienväter den nachfolgenden Generationen zu hinterlassen.

GG: Auch in Algier lassen Sie sich mal von Natur beeindrucken. Schreiben an Engels: »Letzte Nacht Windkonzert … Gestern abend wundervolle Mondbeleuchtung der Bucht. Ich kann mich stets von neuem nicht satt sehn an der See vor meiner Galerie.« Oder Monte Carlo.

KM: Die Natur ist herrlich, zudem noch verbessert durch die Kunst – ich meine auf unfruchtbare Felsen hingezauberte Gärten, die von steiler Höhe oft bis an das entzückend blaue Meer hinabsteigen, wie Terrassen schwebende babylonische Gärten.

GG: Gehen wir zu Ihrer Jugend zurück. In Ihrem Abituraufsatz »Betrachtungen eines Jünglings bei der Wahl des Berufes« haben Sie geschrieben: »Das Große glänzt, der Glanz erregt Ehrgeiz, und der Ehrgeiz kann leicht die Begeisterung oder, was wir dafür gehalten, hervorgerufen haben; aber, wen die Furie der Ehrsucht lockt, den vermag die Vernunft nicht mehr zu zügeln, und er stürzt dahin, wohin ihn der ungestüme Trieb ruft: er wählt sich nicht mehr seinen Stand, sondern Zufall und Schein bestimmen ihn.« Die unbeantwortbare Frage unseres Lebens: Was ist freier Wille, was Bestimmung, was Fremdsteuerung?

KM: Wir können nicht immer den Stand ergreifen, zu dem wir uns berufen glauben; unsere Verhältnisse in der Gesellschaft haben einigermaßen schon begonnen, ehe wir sie zu bestimmen imstande sind.

GG: Dichter wollten Sie werden, als Sie in Berlin juristische Vorlesungen besuchten.
KM: In Berlin angekommen, brach ich alle bis dahin bestandenen Verbindungen ab, machte mit Unlust seltene Besuche und suchte in Wissenschaft und Kunst zu versinken.

GG: Was blieb Ihnen als Erinnerung an jene Zeit?
KM: Daß bei diesen mancherlei Beschäftigungen das erste Semester hindurch viele Nächte durchwacht, viele Kämpfe durchstritten, viele innere und äußere Anregung erduldet werden mußte, daß ich am Schlusse doch nicht sehr bereichert hinaustrat und dabei Natur, Kunst, Welt vernachlässigt, Freunde abgestoßen hatte.

GG: Dichter! Ihr Vater entsetzte sich und schrieb Ihnen abschreckende Briefe: »Es scheint mir, die Dichtkunst und Literatur finde eher Gönner in der Verwaltung als in der Justiz, und ein singender Regierungsrat scheint mir natürlicher als ein singender Richter.« Irgendwann blickten Sie der Tatsache ins Auge: Für einen Dichter reicht es nicht. So etwas tut doch weh, oder?
KM: Und dennoch sind diese letzten Gedichte die einzigen, in denen mir plötzlich wie durch einen Zauber-

schlag – ach! der Schlag war im Beginn zerschmetternd – das Reich der wahren Poesie wie ein ferner Feenpalast entgegenblitzte und alle meine Schöpfungen in nichts zerfielen.

GG: Und dann lasen Sie Hegel.
KM: Hatten die Götter früher über der Erde gewohnt, so waren sie jetzt das Zentrum derselben geworden.

GG: Wie ist das, wenn sich ein Tor öffnet – zu einer völlig neuen Art des Philosophierens? Können Sie diese Momente beschreiben?
KM: Momente, in welchen die Philosophie die Augen in die Außenwelt kehrt, nicht mehr begreifend, sondern als eine praktische Person gleichsam Intrigen mit der Welt spinnt … und sich ans Herz der weltlichen Sirene wirft … Wie Prometheus, der das Feuer vom Himmel gestohlen, Häuser zu bauen und auf der Erde sich anzusiedeln anfängt, so wendet die Philosophie, die zur Welt sich erweitert hat, sich gegen die erscheinende Welt.

GG: Der Gedanke, der Ihr Leben geradezu revolutionierte. Friedrich Engels und Sie: Hat Sie Popularität verändert?
KM: Wir beide geben keinen Pfifferling für Popularität. Beweis z. B. im Widerwillen gegen allen Personenkultus, habe ich während der Zeit der Internationale die zahlreichen Anerkennungsmanöver, womit ich von verschiednen Ländern aus molestiert

ward, nie in den Bereich der Publizität dringen lassen, ich habe auch nie darauf geantwortet, außer hie und da durch Rüffel. Der erste Eintritt von Engels und mir in die geheime Kommunistengesellschaft geschah nur unter der Bedingung, daß alles aus den Statuten entfernt würde, was dem Autoritätsglauben förderlich.

GG: Wie wehrt man sich nun aber gegen Belästigung?
KM: Ich selbst erlaube den englischen Blättern, mich von Zeit zu Zeit tot zu melden und wenn mein gelegentliches Unwohlsein übertrieben wird, hat das wenigstens das Gute, daß es mir allerlei Anliegen (theoretische und andere) von unbekannten Personen aus allen Weltecken vom Leibe hält.

GG: Was stört Karl Marx eigentlich an Karl Marx?
KM: Daß ich von Natur très peu endurant bin und sogar quelque peu dur, so daß von Zeit zu Zeit mein Gleichmut verlorengeht.

GG: Also, ins Deutsche übersetzt: Sie sind sehr wenig geduldig und sogar ein wenig hart. In welcher Grundprägung hat das wohl seine Ursache?
KM: Zu kämpfen.

GG: Gutes Stichwort. »Zu kämpfen« – das haben Sie als Ihre Ansicht von Glück bezeichnet, als Sie Ihrer Tochter Jenny mal einen Fragebogen für deren Poesiealbum beantworteten. Sehr bekannt geworden, dieses Blatt. Ich

möchte Sie bitten, die Antworten hier trotzdem noch mal zu geben. Ihre Lieblingstugend?

KM: Einfachheit.

GG: Ihre Lieblingstugend beim Mann?

KM: Kraft.

GG: Ihre Lieblingstugend bei der Frau?

KM: Schwäche.

GG: Zwischenbemerkung, was die Frauen betrifft: Sie als intellektueller Anführer der Internationalen Arbeiterorganisation IAA haben durchgesetzt, dass eine Frau zum Mitglied des Generalrats wurde.

KM: Jeder, der etwas von der Geschichte weiß, weiß auch, daß große gesellschaftliche Umwälzungen ohne das weibliche Ferment unmöglich sind. Der gesellschaftliche Fortschritt läßt sich exakt messen an der gesellschaftlichen Stellung des schönen Geschlechts (die Häßlichen eingeschlossen).

GG: Weiter im Fragebogen: Ihre Haupteigenschaft?

KM: Beharrlichkeit des Strebens, Zielstrebigkeit.

GG: Auffassung vom Unglück?

KM: Unterwerfung.

GG: Das Laster, das Sie entschuldigen?

KM: Leichtgläubigkeit.

GG: Das Laster, das Sie verabscheuen?
KM: Kriecherei.

GG: Abneigung?
KM: Martin Tupper, Veilchenpuder.

GG: Tupper, ein englischer Dichter ... Lieblingsbeschäftigung?
KM: In Büchern wühlen.

GG: Lieblingsdichter?
KM: Dante, Aischylos, Shakespeare, Goethe etc.

GG: Lieblingsschriftsteller?
KM: Diderot, Lessing, Hegel, Balzac.

GG: Ihr Held?
KM: Spartacus, Kepler.

GG: Lieblingsheldin?
KM: Gretchen.

GG: Lieblingsblume?
KM: Lorbeer.

GG: Lieblingsfarbe?
KM: Rot.

GG: Augen und Haarfarbe?
KM: Schwarz.

GG: Namen?
KM: Jenny, Laura.

GG: Die Namen Ihrer Töchter ... Lieblingsgericht?
KM: Fisch.

GG: Lieblingsmaxime?
KM: Humani nihil a me alienum puto.

GG: Nichts Menschliches ist mir fremd ... Lieblings-
motto?
KM: De omnibus dubitandum.

GG: An allem ist zu zweifeln ... Danke. Herr Marx, Sie werden hier von einem Zweckoptimisten befragt. Ein be-
freundeter Pfarrer hat seine Autobiographie »Klar sehen
– und doch hoffen« betitelt. Das finde ich sehr treffend,
die Welt in dieser Weise dialektisch zu betrachten. Ich
weiß, dass nicht alle Blütenträume reifen. Ich gehöre zu
denen, die inzwischen von ungebrochenen geschichtlichen Euphorien, von führender Rolle der Arbeiterklasse
und stetigem Fortschritt der Geschichte geheilt sind ...
KM: Die Weltgeschichte wäre allerdings sehr bequem
zu machen, wenn der Kampf nur unter der Bedingung
unfehlbar günstiger Chancen aufgenommen würde.
Sie wäre andererseits sehr mystischer Natur, wenn
›Zufälligkeiten‹ keine Rolle spielten.

GG: Man kann das Neue nicht gewaltsam aus dem Alten
herausreißen.

KM: Die Arbeiterklasse kann nicht die fertige Staats-
maschinerie einfach in Besitz nehmen und diese für
ihre eignen Zwecke in Bewegung setzen … Wo immer
und in welcher Gestalt immer und unter welchen Bedingungen immer der Klassenkampf irgendwelchen
Bestand erhält, da ist es auch natürlich, daß Mitglieder unsrer Assoziation im Vordergrund stehen. Der
Boden, aus dem sie hervorwächst, ist die moderne Gesellschaft selbst. Sie kann nicht niedergestampft werden durch noch soviel Blutvergießen.

GG: Worauf ich hinauswollte, als ich von mir als Zweckoptimisten sprach: Sie sind durch alle Höhen und Tiefen eines Lebens gegangen. Mir imponiert dabei ein Grundton,
der aufrichtet. Sie zitieren in der »Kritik der politischen
Ökonomie«, ich glaube, zum Schluss, aus der »Menschlichen Komödie« von Dante. Zwei Zeilen nur, aber erhe-
bend. Darf ich Sie bitten, auch an den Schluss unseres
Interviews diese Zeilen zu setzen? Als Antwort auf alle
Zweifler, die nicht daran glauben, dass unsere menschliche Geschichte möglicherweise gut ausgeht. Als Ratschlag für alle, die sich für eine bessere Welt einsetzen.
KM: »Hier mußt du allen Zweifelmut ertöten, / Hier
ziemt sich keine Zagheit fürderhin.«

GG: Vielen Dank für dieses unmögliche Interview.

Riskiere den Pfennig,
der kein Pfennig ist

*Über Gerechtigkeit – Das Große und das Kleine –
Veränderung als Millimeterarbeit – Grundgesetz
und Emanzipationsschranken – Mona Lisa gegen
Sixtinische Madonna? – Ausbeutung als Vertragsverhältnis – Der Blick in den Weinkeller – Freiheit
wovon und wofür?*

Statt Marxismus: »Wir sind wieder bei Marx.«
(PDS-Vorsitzender Gregor Gysi in Chemnitz, einstmals Karl-Marx-Stadt)

Es ist ganz einfach: Jeder Mensch möchte gerecht behandelt werden. Aber die Ansprüche an Gerechtigkeit und die Definitionen, was denn gerecht sei, liegen im heftigen und heftig andauernden Streit. Und schon wird – gerade im kapitalistischen System – das scheinbar Einfache sehr kompliziert. Mich auf Bertolt Brecht berufend möchte ich zwischen der »kleinen« und der »großen« Gerechtigkeit unterscheiden. In einer der Fassungen des Lehrstückes »Die Maßnahme« heißt es im Streikaufruf des Kontrollchores an Fabrikarbeiter: »Komm heraus, Genosse! Riskiere / Den Pfennig, der kein Pfennig ist (…) / Und den Arbeitsplatz, den du morgen verlierst (…), / Hilf dir selbst, indem du uns hilfst: übe / Solidarität.«

Das ist der zerrende Konflikt, den Brecht anspricht. Es steht das unmittelbare Lebensinteresse des Lohnabhängigen oftmals in Widerspruch zum Ganzen. Es steht der Spatz in der Hand gegen die Taube auf dem Dach. Es steht das, was der Einzelne, und zwar jetzt und sogleich!, den Verhältnissen abzwacken, abhandeln, abringen kann (und muss), gegen das, was die

Verhältnisse in größerem Rahmen ändert – und zwar nicht nur für den einen, sondern für viele Menschen.

Die »große Gerechtigkeit« bezieht sich auf Fragen der gesellschaftlichen Emanzipation. Es geht um eine politische Gemeinschaft, in der alle Mitglieder in gleicher und freier Weise mitwirken können – und in der das gemeinsame Vernünftige das entscheidend und wahre Gerechte ist.

Zugegeben, Letzteres bleibt ebenso eine optimistische Annahme, wie es heutzutage nicht darum gehen darf, aus Sicht des unaufhaltsamen Kampfes für eine zukünftige bessere Welt jene bereits erkämpften, erarbeiteten Annehmlichkeiten der »kleinen« Gerechtigkeit gering zu schätzen. Ernst Bloch hat Karl Marx gelesen und dort keine verbindliche Gegenrede zur unumstößlichen Wahrheit gefunden, dass der Mensch »ohne Aufschub und ohne Ferne in sein volles Leben« will. Unverzüglich. Dies ist ein berechtigtes Verlangen, das in unserer arg befristeten Lebenszeit begründet liegt und die Beziehungen zwischen momentanem und strategischem Handeln, zwischen operativem und utopischem Geist allzeit mit einem Konflikt belädt – der wahrscheinlich unlösbar bleibt.

Mit dem Begriff der »kleinen Gerechtigkeit« sind Gerechtigkeitsnormen angesprochen, die sich in unserer Gesellschaft etabliert haben, die schätzenswert sind und die gerade deshalb ermutigen dürfen, innerkapitalistisch Kritik zu üben und immer wieder mehr soziale Gerechtigkeit einzufordern. Humane Grundgesetze zu stützen ist so ehrenwert, wie inhumane Reiche zu stürzen. Deswegen darf man das, was die »kleine« Gerechtigkeit meint, nicht mit linksradikaler Überheblichkeit kleinreden und herzlos missachten. Es wäre Herzlosigkeit gegenüber der Menschennatur. Das bereits Errungene, Bestehende gibt dabei dem Geist der Unzufriedenheit den guten Grund seiner Berechtigung.

*

Wer politisch links steht, sozialistische Erfahrungen mitbringt und kommunistische Phantasien reizvoll findet, gerät leicht unter Verdacht, es ginge ihm einzig und allein – avantgardistisch – um die »große« Gerechtigkeit. Und jeglicher Realismus, der bei Kritik nicht sofort an fundamentale Einschnitte und bei Opposition nicht immer gleich an Revolution denkt, sondern der auf demokratische, transitorische Prozesse vertraut – das sei etwas für Gewerkschafter, Bürgerrechtler, Elterninitiativen. Also letztlich und irgendwie bürgerliche Anpassung. Das ist eine Denkweise, die den Begriff der couragierten, engagierten Zivilgesellschaft zu Unrecht diffamiert. Und modernes linkes Denken sowieso!

Spätestens seit Rosa Luxemburg ist die Wahrheit in der Welt, dass auch der entschiedene Einsatz, ja Kampf für die vielen kleinen Gerechtigkeiten deutlich machen kann, wo Emanzipationsschranken der kapitalistischen Gesellschaft bestehen, die beseitigt werden müssen. Der jeweils kleine Frieden baut mit am ersehnten großen Frieden. Gerecht ist, was allen nützt – aber auch mir selber guttut. Nicht erst morgen, heute schon

– so arbeitet das Heute am Morgen. Oft genug eine Millimeterarbeit.

Und: Der Kampf gegen Emanzipationsschranken findet nicht auf einer schnurgeraden Straße statt. Er führt sehr oft in Labyrinthe. Vielleicht irre ich mich unterwegs, und die Schranke liegt woanders, als ich dachte, oder an manchen Stellen habe ich sie mir nur eingebildet. Aber auch diese Erfahrung spräche für den praktischen Vorrang des Kampfes ums Alltägliche.

Die historisch erledigte Alternative, wir kennen das, liegt bei Lenin: Eine Gruppe von Berufsrevolutionären weiß genau, wo es langgeht, und stürmt unnachgiebig durch alle Gegebenheiten. Und wir wissen also auch: Sehr rasant kann sich jener Prozess vollziehen, da das Gutgemeinte in Unterdrückung und bloße, rücksichtslose Macht und deren fortwährende Reproduktion umschlägt. Wenn eine linke Bewegung, aus Erfahrung und Belehrung, das Risiko der stalinistischen Entwicklung nie mehr eingehen will, dann muss sie den demokratischen Sozialismus, die Herausbildung einer wahrhaft emanzipierten Gesellschaft, als einen allseits und allzeit offenen Prozess begreifen.

Nun leben wir in einer bürgerlichen Welt, zu deren Fundamenten durchaus etablierte Gleichheitsnormen gehören. Diskriminierung aufgrund von Geschlecht, von sozialer, religiöser, regionaler Herkunftsgruppe oder sexueller Orientierung abzulehnen, ist ein weitgehender Konsens in unserer Gesellschaft. »Weitgehend« deshalb, weil es natürlich immer sexuell-repressiv, rassistisch oder religiös-fundamentalistisch eingestellte Menschen gibt, die den normativen Frieden brechen. So bleibt es kritikwürdig, ja empörend, dass Frauen noch immer deutlich weniger Geld als Männer verdienen, auch wenn sie die gleiche Arbeit verrichten, und dass sie unzweifelhaft geringere Aufstiegschancen haben.

Ebenso werden grundlegende Gerechtigkeitsintuitionen verletzt, wenn Leiharbeiter oder Werkvertragsarbeiter billiger sind als jener Kollege neben ihnen, der zur Stammbelegschaft des Unternehmens zählt. Das birgt tarifpolitische Negativwirkungen, die das, was man unter Kollegenschaft versteht, gnadenlos untergraben – es übt Druck auf die Stammbelegschaft aus: Wir können euch jederzeit ersetzen, dann wird es für uns noch billiger!

*

Eine mich besonders aufwühlende Ungerechtigkeit besteht darin, dass Kinder aus materiell schlechtergestellten sozialen Elternhäusern geringere Bildungschancen haben als andere. Der Begriff der »bildungsfernen Schichten« ist hier nicht nur Vorwand und vermeintliche Begründung, er offenbart die rhetorische Neigung von Apologeten, den Verlierern gesellschaftlicher Entwicklungen eine indirekte persönliche Schuld an ihrem sozialen Status zuzuschreiben oder eine gewisse Naturgegebenheit der Machtverhältnisse zu suggerieren.

Als ich 1988 zum ersten Mal ins westliche Ausland fahren durfte, zu einem Vortrag nach Paris, sah ich dort eine gute Chance für Leonardo da Vincis Mona Lisa, auch mich einmal anzulächeln. Mit der Metro fuhr ich zum Louvre. Fahr- und Eintrittskarte besiegelten sehr schnell mein finanzielles Schicksal: Ich war pleite. Eine Fahrt mit der Straßen- oder U-Bahn und ein Museumsbesuch hätten mich in der DDR fast nichts gekostet, und das hatte nichts mit der Exklusivität der Mona Lisa zu tun. Denn mit beeindruckender Weiblichkeit konnte auch die DDR prunken – in Dresden gab (und gibt es bis heute) zum Beispiel die Sixtinische Madonna. So wurde mir in Paris deutlich, dass es einen gesellschaftspolitischen Unterschied beim öffentlichen Zugang zu Kunst und Kultur gibt. Was in der DDR störte, war die Zensur. Was mich am Kapitalismus stört: dass vor Kunst und Kultur viel zu oft ein zu hoher Preis gesetzt ist.

Deshalb werde ich, solange ich kann, dafür streiten, dass auch das dritte Kind der alleinerziehenden Hartz-IV-Empfängerin die 9. Sinfonie von Beethoven im Original hören kann. Niemand darf aus sozialen Gründen darauf verwiesen sein, Beethoven nur als verquetschte Konserve auf dem Laptop zu »genießen«.

*

Wird über Gerechtigkeit geredet, muss über Ausbeutung gesprochen werden. Wenn wir das Wort Ausbeutung hören, denken wir sofort an Sklavenarbeit, Zwangsprostitution, Kinderarbeit, Produktion unter extrem schlechten Arbeitsbedingungen. Die Dinge scheinen klar zu liegen, klar auch die Frontlinie zwischen denen, die so etwas betreiben (und oft genug leugnen), und denen, die es bekämpfen. Emotionen bleiben nicht aus, nicht das Schmerzempfinden über eine Welt, in der so etwas noch immer geschieht.

Wenn man aber »Das Kapital« liest, stellt man überrascht fest, dass Marx einen Begriff der Ausbeutung verwendet, der von normativen Implikationen gereinigt und nicht moralisch erscheint. Überhaupt verfährt er mit moralischen Urteilen äußerst sparsam. Im Vorwort zur ersten Auflage findet man einen Hinweis: »Zur Vermeidung möglicher Mißverständnisse ein Wort. Die Gestalten von Kapitalist und Grundeigentümer zeichne ich keineswegs in rosigem Licht. Aber es handelt sich hier um die Personen nur, soweit sie die Personifikation ökonomischer Kategorien sind, Träger von bestimmten Klassenverhältnissen und Interessen. Weniger als jeder andere kann mein Standpunkt, der die Entwicklung der ökonomischen Gesellschaftsformation als einen naturgeschichtlichen Prozeß auffaßt, den einzelnen verantwortlich machen für Verhältnisse, deren Geschöpf er sozial bleibt, sosehr er sich auch subjektiv über sie erheben mag.«

Wir sehen hier beschrieben, was Marx' gesamtes Werk trägt: Er wollte bei keiner Untersuchung, bei keinem Urteil in simple Muster verfallen.

Marx setzte bei seinen Betrachtungen zum kapitalistischen System – und das ist wirklich interessant – eine Gesellschaft voraus, in der alle als freie Personen agieren und über den Austausch ihrer als Waren produzierten Güter rechtsgültige Verträge schließen können. Durch rechtsgültige Verträge befriedigen die vertragschließenden Personen in Form eines Leistungsaustauschs ihre Bedürfnisse. Freilich, es gibt Menschen, die können nichts anderes anbieten als ihre Arbeitskraft, und in der Tat, es gibt auch Käufer von Arbeitskraft. Aber auch hier gilt für Marx, dass Verträge zu einem festgelegten Entgelt geschlossen werden. Diese Verträge kommen dann freiwillig zustande, wenn keine der Parteien der jeweils anderen Partei Gewalt androht, um sie in den Vertrag zu zwingen – damit werden Äquivalente getauscht. Der Arbeitslohn ist ein solches Äquivalent, für die Nutzung der Arbeitskraft in einem definierten Zeitraum.

Ausbeutung im Sinne einer Mehrwerterzeugung ist also – laut Marx – ein Austausch, der Kapitalisten und Arbeiter in ein konkretes Vertragsverhältnis stellt. Gleicher kann es nicht sein. Marx machte wie kein anderer vor ihm deutlich, dass die Quelle des Mehrwerts nicht in einem Gewaltakt der Kapitalistenklasse gegenüber der Arbeiterklasse zu sehen ist. Zwar blieb die Geschichte des Kapitalismus stets auch eine Geschichte von Brutalität, und Marx hat daran nie vorbeigesehen, aber diese unmittelbare Gewalt ist nicht die Quelle des Mehrwerts.

Der Begriff der Ausbeutung bekommt bei Marx daher eine neutrale, fast schon technische Bedeutung: Eine Rohstoffquelle ist produktiv, wenn der Nutzen den Aufwand rechtfertigt – dann beutet man sie aus. Und wenn die Nutzung der menschlichen Arbeitskraft durch einen Kapitalisten den Aufwand an Kapital rechtfertigt, wenn die Nutzung also produktiv ist, dann wird auch sie genutzt, also – ausgebeutet. Die Aneignung der Mehrarbeit durch den Kapitalisten erscheint nicht nur im formalen Sinn legitim, sie scheint – wie Marx im »Kapital« schreibt – eine geradezu selbstverständliche Angelegenheit zu sein; vom Standpunkt des Kapitalisten »ist der Arbeitsprozeß nur die Konsumtion der von ihm gekauften Ware Arbeitskraft, die er jedoch nur konsumieren kann, indem er ihr Produktionsmittel zusetzt. Der Arbeitsprozeß ist ein Prozeß zwischen Dingen, die der Kapitalist gekauft hat. Das Produkt dieses Prozesses gehört ihm daher ganz ebenso sehr als das Produkt des Gärungsprozesses in seinem Weinkeller. (…) Der ehemalige Geldbesitzer schreitet voran als Kapitalist, der Arbeitskraftbesitzer folgt ihm nach als sein Arbeiter; der eine bedeutungsvoll schmunzelnd und geschäftseifrig, der andre scheu, widerstrebsam, wie jemand, der seine eigne Haut zu Markt getragen und nun nichts andres zu erwarten hat als die – Gerberei.«

*

Wenn Marx die Ausbeutung so zwangfrei beschreibt und bei seiner Analyse die übelsten Auswüchse des Kapitalismus ausdrücklich nicht in den moralisch verurteilenden Blick nimmt – was ist dann eigentlich, jenseits aller Formen der Versklavung, falsch an diesem System?

Es ist das Unfreiwillige in den kapitalistischen Formen der Kooperation: der Arbeiter als Anhängsel der Maschinerie, das Kommando des Kapitals und die Autorität des Kapitalisten – nicht die Arbeiter kooperieren, sondern das Kapital lässt Arbeiter kooperieren, das heißt: Die Formen kapitalistischer Produktion verfehlen die Idee einer emanzipierten Gesellschaft. Das »Falsche« am Kapitalismus ist, dass die gesellschaftliche Selbstbestimmung viele Bereiche umfassen mag, aber die Produktionsweise wird nicht oder nur ungenügend einbezogen.

Diese Art und Weise wurde in ihrem Zustandekommen als zwangfrei beschrieben, aber wir sehen jetzt, so ganz stimmt das auch nicht. Wir können sie als Resultat einer nicht völlig emanzipierten Gesellschaft interpretieren. Der Arbeiter kommt nicht aus seiner Lage heraus, seine Arbeitskraft stets aufs Neue verkaufen zu müssen. Es gibt freie Berufswahl, aber keine freie Wahl der Klasse, in die man hineingeboren wird. Dieser Zwang ist persönlich meist gar nicht so sehr erlebbar, es ist ein stummer, anonymer Zwang. Es ist ein Zwang der Verhältnisse, der sich von den Kooperationsformen auf die Gesellschaftsstruktur ausbreitet. Marx hoffte deshalb auf mehr Emanzipation, setzte auf die Möglichkeit einer freieren Gesellschaftsorganisation. Auch hier findet sich der Gedanke wieder, dass das »Falsche« am Kapitalismus – der die Arbeitskraft stets stärker ausbeutet, indem er das Zeitverhältnis zwischen notwendiger Arbeit und Mehrarbeit zugunsten der Mehrarbeit verschiebt – in seinen Emanzipationsschranken besteht.

Und was die Gewalt betrifft: Natürlich gibt es sie – strukturell. Jeder Tarifstreit, jeder Streik bestätigt, was Marx über die spezielle Gleichheit zwischen den modernen Tarifpartnern schrieb: »Zwischen gleichen Rechten entscheidet die Gewalt. Und so stellt sich in der Geschichte der kapitalistischen Produktion die Normierung des Arbeitstags als Kampf um die Schranken des Arbeitstags dar – ein Kampf zwischen dem Gesamtkapitalisten, d. h. der Klasse der Kapitalisten, und dem Gesamtarbeiter oder der Arbeiterklasse (…) Die Schöpfung eines Normalarbeitstages ist das Produkt eines langwierigen, mehr oder minder versteckten Bürgerkriegs zwischen der Kapitalistenklasse und der Arbeiterklasse.« Wie immer die sich modifiziert hat.

Was meine ich mit Emanzipationsschranke? Es mag ja stimmen, dass die Politik wirschaftliche Prozesse kaum zu steuern vermag. Vielleicht ist das sogar gut? Die Erfahrung mit dem Staatssozialismus muss in dieser Hinsicht zu denken geben – an der »inneren Konterrevolution« ist er gewiss nicht gescheitert. Was ihn vor allem ruinierte, war eine zukunftsuntaugliche Wirtschaftsweise, die zudem antiemanzipatorisch war. Zudem fehlte ihm die demokratische Grundierung. Also, wo ist das Problem der Schranke im Kapitalismus?

In den neunziger Jahren des letzten Jahrhunderts etwa setzte sich in der Bundesrepublik sowohl in der CDU als auch in der Sozialdemokratie die Auffassung durch, der »Kostenfaktor Arbeit« sei zu hoch. Da eine Nominallohnsenkung in einer der reichsten Volkswirtschaften nicht in Frage kam, blieben drei andere Wege: Der erste nannte sich Lohnzurückhaltung und wurde in den »Bündnissen für Arbeit« praktiziert. Der zweite Weg bestand darin, die Lohnnebenkosten abzusenken – das war bedauerlicherweise der Part der Sozialdemokratie. Konkret bedeutete dies, die Einzahlungen in die Sozialsysteme zu senken und damit auch die Sozialstaatsbe-lastungen für die Arbeitgeberseite; später wurde der Arbeitgeberanteil sogar eingefroren. Der dritte Weg, der ebenfalls von der Sozialdemokratie forciert wurde, bestand in der Ausweitung des Niedriglohnsektors und prekärer Beschäftigung – fast alle neu geschaffenen Arbeitsverhältnisse seit den Hartz-Reformen waren und sind Niedriglohnjobs gewesen.

Wenn man nun kritisch nachfragte, woraus sich die Notwendigkeit dieser ungerechten Praxis ergab, warum also ordentliche Arbeit nicht auch ordentlich bezahlt werden könne, warum konjunkturelle Belebungen nicht auch Lohnwachstum nach sich zögen, warum sich Löhne und Renten nicht, wie im früheren fordistischen Kapitalismus, analog zur Produktivität entwickelten, so kam von den Tonangebenden unisono eine einzige Antwort: der Standort! Wenn man das Kapital im Lande halten wolle, müssten ihm Anreize geboten werden. Mit dem gleichen Argument wurden Steuern für große Konzerne und für hohe Einkommen gesenkt. Entkleidet man diese Logik aller Verklausulierungen, bleibt als nüchtern-nackte Tatsache: Die Kapitalseite ist zu mächtig und zu sehr mit den Staaten verbandelt – aller neoliberalen, staatsbekämpfenden Ideologie zum Trotz.

Geballte Kapitalmacht und eine Gesellschaft, die sich den Ideen demokratischer Selbstbestimmung verpflichtet sieht, bilden ein Widerspruchspaar, das mehr und mehr zur gefährlichen Konfrontation neigt. Und gar zu gern hätten die Prediger des reinen freien Marktes deshalb eine verlässliche Staatsreligion: dass Verlie-

rer einfach nur um ihr bisschen Habe beten, statt zu re-
bellieren. Hoffend, dass alte Begriffe neu poliert werden
könnten: »Sozialdemokratisierung« als Burgfrieden,
»Sozialpartnerschaft« als befristet eingesetztes Beruhi-
gungsmittel gegen ein Kämpfertum der Benachteilig-
ten.

*

Die besagte Emanzipationsgrenze umfasst noch eine
weitere Dimension: die Kultur. Nun gibt es wahrlich
und unbestritten weit kulturlosere Verhältnisse als die
der bürgerlichen Gesellschaft. Die Aufklärung, diese
wohl bürgerlichste Kulturbewegung, hat erst den un-
trennbaren, hoch schätzenswerten Zusammenhang zwischen Bildung, Öffentlichkeit und Kritik wirklich hergestellt. Deswegen bleibt die Aufklärung auch ein
wichtiges Erbe für die Linke. Wir finden trotzdem heute
eine Art verhunztes Kulturdenken vor. Vielen ist nicht
klar, dass Kultur und Kunst nicht dasselbe ist. Kultur ist
auch nicht einfach die Ergänzung des Kunstbetriebs um
ein paar öffentliche Museen und Bibliotheken. Nach
dem Muster der Aufklärung verstehe ich unter Kultur
eine geistige Bewegung einschließlich der dafür erfor-
derlichen Praxisformen (Wissenschaften, Künste, Wis-
sensvermittlung) und der entsprechenden Institutionen.
   In der Neuzeit haben Wissenschaften und Kunst ein
Selbstbild autonomer Entwicklungslogiken entworfen.
Das hängt historisch mit der Entbindung aus kirchlicher und höfischer Aufsicht zusammen. Dieses Selbstbild liefert aber auch die Grundlage für Kritik. Denn

bedauerlicherweise kam zur kulturellen Emanzipation aus kirchlicher und höfischer Abhängigkeit ein Moment neuer Abhängigkeit: durch Märkte. Die Tendenz, Bildung durch Ausbildung zu verdrängen, ist unübersehbar geworden. Der Rechtswissenschaftler Andreas Fischer-Lescano hat die Universität als Kadettenanstalt der Finanzmärkte bezeichnet. Auf der Strecke bleiben mehr und mehr Traditionen und Qualitäten, deren unmittelbare Nutzanwendung im kapitalistischen Verwertungsprozess nicht auf Anhieb zu sehen ist.

Genügt es nicht, fragen manche, dass junge Menschen jene Kompetenzen erwerben, die sie fit für die Arbeitswelt der Zukunft machen? Und hat sich die Beschäftigung mit Kunst nicht auch dieser Maxime zu beugen? Genau das öffnet einem sehr speziellen Zynismus Tür und Tor. Überspitzt gesagt: Sollte sich herausstellen, dass das Hören von Mozartopern das innovative Denken befördert und bei der Gründung von Start-ups Vorteile verschafft, nun, dann wird man das mehr fördern; sonst eben nicht. Wer so denkt, denkt – so meine ich – falsch. Kunst gehört, neben der Wissenschaft, so schrieb es Friedrich Schiller, zu den »edelsten Werkzeugen« des Menschen, die es ihm erlauben, sich im »Reiche der vollkommensten Freiheit« zu bewegen – und im Imaginären, in der Phantasie, in der Herzensbildung zu Positionen und Gedanken zu kommen, die zurückwirken auf die Arbeit an den Gleichheits- und Gerechtigkeitsvorstellungen der Gesellschaft.

*

Welche absolut gültigen, unantastbaren Maßstäbe der Gerechtigkeit eine emanzipierte Gesellschaft entwickeln könnte, weiß ich nicht, und ich bezweifle, dass man es überhaupt definitiv benennen kann. Eines aber scheint sicher: Gerechtigkeit muss mehr umfassen als die formale Gleichheit des Rechts und der politischen Mitbestimmung.

Reizvoll ist Marx' und Engels' Utopie von jener freien Assoziation, in der die Freiheit des Einzelnen Bedingung für die Freiheit aller ist. Reizvoll ist diese Idee deshalb, weil hier der Begriff der Gerechtigkeit (Freiheit aller) konkret ausgefüllt wird durch die Freiheit des Einzelnen. Sie gibt es in mehreren Ausformungen: erstens als Freiheit von etwas (hier könnten die kapitalistischen Schranken genannt werden); zweitens als Freiheit zu etwas (hier könnten gesellschaftliches Engagement und gesellschaftliche Erfordernisse stehen, denen man zwar nicht ausweichen kann, bei denen aber die Art und Weise, wie man ihnen gerecht wird, Gegenstand der Selbstbestimmung sein könnte); drittens die individuelle Freiheit, die Bezug nimmt auf die individuelle Bedürfnisbefriedigung – und die auch ein politisches und besagtes kulturelles Moment umfasst.

Gemeinsame Arbeit an einem solchen Zustand, der eine fortwährende Bewegung ist – das wäre die Freiheit aller. Die Erfindung der Freiheit wäre es nicht. Aber ein Novum durchaus. Marx: »Kein Mensch bekämpft die Freiheit; er bekämpft höchstens die Freiheit der anderen. Jede Art der Freiheit hat daher immer existiert, nur einmal als besonderes Vorrecht, das andre Mal als allgemeines Recht.«

Aufschlussreich übrigens eine DDR-Erfahrung mit dem »Kommunistischen Manifest«. In der Sekundärliteratur wurde damals gern daraus »zitiert«: Die freie Entwicklung aller wäre die Voraussetzung der freien Entwicklung des Einzelnen. Diese These passte genau in die Logik der Propaganda, eine bestimmte Unfreiheit in der DDR zu erklären, ja zu legitimieren durch die Autorität der Klassiker: Da weltweit noch nicht alle frei seien, müsse halt auch der Einzelne noch warten. Der Schriftsteller Stephan Hermlin las noch einmal das Original, und es fiel ihm wie Schuppen von den Augen: Karl Marx und Friedrich Engels hatten genau das Gegenteil geschrieben. In ihrem Manifest hieß es, die Freiheit des Einzelnen sei die Voraussetzung für die Entwicklung der Freiheit aller. Hermlin schrieb, bei Marx und Engels sei etwas benannt, das in der DDR »unausgesprochen« bleiben sollte, es war »absurd, dass man eine Prophetie einfach auf den Kopf stellte, weil sie nicht in die Köpfe sollte«. Die »Korrektur« durch den Schriftsteller hat nicht wenige damals schockiert. Man fühlte sich betrogen – aber die Sache warf ein bezeichnendes Licht auf einen selbst: Man hatte Marx und Engels zu oberflächlich gelesen – oder eben gar nicht. Ihn aber dennoch ständig im Munde geführt – und gern auch noch die Wissenschaftlichkeit der Weltanschauung betont.

»Das Recht kann nie höher sein als die ökonomische Gestaltung und die dadurch bedingte Kulturentwicklung der Gesellschaft«, schreibt Marx sehr realistisch in seiner »Kritik zum Gothaer Programm«. Und entwickelt an anderer Stelle jene wunderbare Phantasie, die im Zusammenhang mit Gerechtigkeit so gern zitiert wird: »In einer höheren Phase der kommunistischen Gesellschaft, nachdem die knechtende Unterordnung der Individuen unter die Teilung der Arbeit, damit auch der Gegensatz geistiger und körperlicher Arbeit verschwunden ist; nachdem die Arbeit nicht nur Mittel zum Leben, sondern das erste Lebensbedürfnis geworden; nachdem mit der allseitigen Entwicklung der Individuen auch ihre Produktivkräfte gewachsen und alle Springquellen des genossenschaftlichen Reichtums voller fließen – erst dann kann der enge bürgerliche Rechtshorizont ganz überschritten werden und die Gesellschaft auf ihre Fahne schreiben: Jeder nach seinen Fähigkeiten, jedem nach seinen Bedürfnissen!«

Schöne Worte, weit entfernt von der Realität. Aber doch der ehrenwerteste Traum. »Kindisch, aber göttlich schön«, heißt es bei Schiller. Marx zu lesen ist in diesem Zusammenhang wahrlich eine Ermunterung: Gestatten wir doch dem Wort, edler zu sein als unsere Taten. Eine Sache wird nicht dadurch falsch, dass sie derjenige, der sie äußert, selber nicht leben kann. Und erfahrene Enttäuschung verhindert letztlich nicht, dass Träume nachwachsen. Unsere Sehnsüchte lassen sich nicht domestizieren. Eine Utopie wird nicht dadurch entwertet, dass wir nicht vor ihr bestehen. Wir fassen die Sterne zwar nicht, nach denen wir greifen, aber ihr Licht strahlt dennoch.

Karl Marx: Gut gesagt

*Die unmittelbare Wirklichkeit des Gedankens
ist die Sprache.*

*Freiheit ist ein Luxus, den sich nicht
jedermann leisten kann.*

*Wie es selten Komplimente gibt ohne Lüge, so finden
sich auch selten Grobheiten ohne alle Wahrheit.*

*Das Geld wird abgeschafft. Ich kenn' schon einen,
der nichts mehr hat.*

Die Wahlphilosophie der Parlamentskandidaten besteht einfach darin, dass sie ihrer linken Hand erlauben, nicht zu wissen, was ihre rechte tut, und so waschen sie beide Hände in Unschuld.

Es gibt keine Landstraße für die Wissenschaft, und nur diejenigen haben Aussicht, ihren hellen Gipfel zu erreichen, die die Ermüdung beim Erklettern ihrer steilen Pfade nicht scheuen.

Jede Befreiungsbewegung verändert ihren Charakter, wenn sie von der Utopie zur Realität übergeht.

Am reißenden Fluss

*Wozu eigentlich Sozialismus? – Wo ist die Hauptstraße
der Weltgeschichte? – Verstaatlichung der Banken –
Wirtschaftsmacht ist undemokratisch – »Dann gehe
ich sofort in die Schweiz« – Paris, Prag, Santiago –
Die Gefahr hinter Google Earth – Klassenkampf ohne
Revolution?*

Die geplante Marx-Statue in Trier – ein in der Stadt umstrittenes Geschenk der Volksrepublik China, 5,50 Meter hoch.

Der Blick auf die Geschichte des 20. Jahrhunderts zeigt: Jene zwei Grundströmungen der Arbeiterbewegung, die sich zunächst gleichermaßen auf Marx bezogen, sind gescheitert: sowohl die revolutionäre als auch die sozialreformistische. Ist die Welt besser geworden? Schlimmste Katastrophen säumten den Weg in die Gegenwart und hinterließen eine Mahnung: Jeder Fortschritt bleibt brüchig, jeder Frieden geht auf dünnem Eis.

Wir leben nunmehr in einer Zeit, da die Märkte sich transnational und global den Planeten greifen. Dieser Furor hat die nationalstaatliche Steuerbarkeit kapitalistischer Volkswirtschaften, wie es scheint, unumkehrbar untergraben. Infolgedessen breiten sich Verunsicherungen aus, die von autoritären, populistischen Rechtskräften politisch ausgenutzt werden. Wir leben in einem Krisenkapitalismus, Auswege müssen dringend gesucht werden. Auswege, die wieder Wege sind, nicht mehr nur Notausgänge und letzte Ausfahrten in die nächste Krise.

Auswege können »von oben« und »von unten« kommen. Die Zeiten allerdings, da sich etwa die marxistisch-

leninistische Linke auf der »Hauptstraße der Weltgeschichte« wähnte und klare, unumstößliche Ansagen
machte, in welche Richtung und in welche neuen Höhen die Entwicklung der Menschheit sich unter sozialis-
tischem Vorzeichen (und nur unter diesem) vollziehe –
diese Zeiten sind vorbei. Der Dichter Heiner Müller
nannte nach 1989 »die Trennung der Kommunisten von
der Macht« eine »glückliche, beflügelnde Fügung für das
sozialistische Denken«. Dass der Staatssozialismus un-
tergegangen sei, müsse als Impuls begriffen werden:
»Der Weg ist nicht zu Ende, wenn das Ziel explodiert.«
Ein Weg wohin?

Karl Marx hat im »Kapital« von einem »Verein freier
Menschen« gesprochen. Er stellt ein Gedankenexperi-
ment an, unterbreitet also keineswegs einen politisch
praxisnahen Vorschlag, der unmittelbar umzusetzen
wäre: »Stellen wir uns (…), zur Abwechslung, einen Verein freier Menschen vor, die mit gemeinschaftlichen Produktionsmitteln arbeiten und ihre vielen individuellen
Arbeitskräfte selbstbewußt als eine gesellschaftliche Arbeitskraft verausgaben (…). Das Gesamtprodukt des
Vereins ist ein gesellschaftliches Produkt. Ein Teil dieses
Produkts dient wieder als Produktionsmittel. Er bleibt
gesellschaftlich. Aber ein anderer Teil wird als Lebensmittel von den Vereinsgliedern verzehrt. Er muß daher
unter sie verteilt werden. Die Art dieser Verteilung wird
wechseln mit der besondren Art des gesellschaftlichen
Produktionsorganismus selbst und der entsprechenden
geschichtlichen Entwicklungshöhe der Produzenten.«
Der Anteil jedes Produzenten an den Lebensmitteln,

so Marx, werde bestimmt durch dessen Arbeitszeit. »Ihre gesellschaftlich planmäßige Verteilung regelt die richtige Proportion der verschiednen Arbeitsfunktionen zu den verschiednen Bedürfnissen. Andrerseits dient die Arbeitszeit zugleich als Maß des individuellen Anteils des Produzenten an der Gemeinarbeit und daher auch an dem individuell verzehrbaren Teil des Gemeinprodukts. Die gesellschaftlichen Beziehungen der Menschen zu ihren Arbeiten und ihren Arbeitsprodukten bleiben hier durchsichtig einfach in der Produktion sowohl als in der Distribution.«

Produktion und Verteilung werden in dieser gesellschaftlichen Vorausschau also der jeweiligen Bedürfnisbefriedigung angepasst. Allerdings benennt Marx Voraussetzungen: »eine Reihe materieller Existenzbedingungen, welche selbst wieder das naturwüchsige Produkt einer langen und qualvollen Entwicklungsgeschichte sind«. Die Produktion selbst müsse einen unmittelbar gesellschaftlichen Charakter tragen, und Überschüsse seien zu erwirtschaften, über deren Verwendung dann gesellschaftlich entschieden werde.

Beide Bedingungen werden durch die kapitalistische Produktionsweise hervorgebracht, daher hat ihr Marx eine historische Legitimität zugestanden, er spricht von einer »transitorische(n) Notwendigkeit«: Der Kapitalist »als Fanatiker der Verwertung des Werts« zwingt die Menschheit – »rücksichtslos«, wie Marx schreibt – zur Produktion um der Produktion willen, daher zu einer Weiterentwicklung der gesellschaftlichen Produktivkräfte und damit zu Produktionsbedingungen,

die allein die »reale Basis einer höheren Gesellschafts-
form bilden können – deren Grundprinzip die volle
und freie Entwicklung jedes Individuums ist«.

Eine sozialistische Gesellschaft muss erstens (wie die
kapitalistische auch) ein Gesamtprodukt erzeugen, das
sich im Wesentlichen aus Gütern der individuellen Konsumtion und aus Investitionsgütern zusammensetzt.
Hinzu kommt die Erzeugung eines Überschusses, der
die Gesellschaft am Leben hält. Aber im Unterschied zur
kapitalistischen Ordnung werden diese Aufgaben im Sozialismus durch »frei vergesellschaftete Menschen« be-
wältigt – ob unmittelbar oder letztinstanzlich, sei hier
offengelassen.

*

Ganz klar also: Sozialismus macht mehr Arbeit, an der
mehr Menschen aktiv beteiligt werden. Zur gerechten
Arbeitszeitverteilung kommt die Dringlichkeit demokratischer Institutionen, in denen sich die gemeinschaftlichen Zwecksetzer der Produktion planend, re-
gulierend, kontrollierend betätigen.

Aber dennoch muss man fragen: Was soll eigentlich
besser daran sein, dass Menschen gemeinsam über die
Zwecke der Produktion bestimmen? Wohlstand kann
doch auch – wie wir täglich erfahren – von einer kapitalistischen Wirtschaft produziert werden? Würde es
denn nicht genügen, »nur« für eine halbwegs gerechte
Verteilung des Wohlstands zu sorgen? Könnte es nicht
hinreichen, eine halbwegs gerechte Verteilung von Gütern – nach Lage der modernen Dinge: von Konsum-

gütern – zu organisieren? Was aber ist mit der Verteilung der Investitionsgüter, was mit den Überschüssen?
Entscheidungen darüber bleiben im Kapitalismus orientiert auf ein einziges Ziel: die Vermehrung des Mehrwerts.

Eine Gesellschaft dagegen, die alle Produktionsent-
scheidungen gemeinschaftlich organisieren will, kann
sich auf andere Ziele verständigen. Was soll wozu produziert werden? Welche Bedürfnisse gibt es, wie können sie befriedigt und weiterentwickelt werden? Wie
viel Zeit müssen wir der Arbeit opfern, wie viel Zeit
dagegen wollen wir in unsere kulturelle Formung, für
Bildung und Künste investieren? Wie viel Zeit sollten
Menschen frei verfügbar haben, ohne dass es dabei
ums Arbeiten geht, ums öffentlich Verfügbare der individuellen Lust und Kraft? Eine Gesellschaft, die sich
solche Fragen stellen kann, ist doch unzweifelhaft eine
freiere Gesellschaft als jene, in der Entscheidungen
hauptsächlich bei den Kapitaleigentümern liegen und
alles von einer einzigen Zielsetzung, nämlich der Ka-
pitalvermehrung, vorentschieden ist.

Hartnäckig hält sich das Vorurteil, eine sozialistische
Gesellschaft sei schon deshalb irreal, weil darin – illu-
sionär – Konfliktfreiheit propagiert werde. Das ist ein
törichter Nachklang jener doktrinären linken »Theorien«, die einst Propagandazwecken und der Schön-
färbung alles Zukünftigen dienten und über die mein
Freund André Brie spöttisch bemerkte: Ja, im Sozialismus würden selbst die Widersprüche harmonisch.
Nein, eine freiere Gesellschaft ist mitnichten eine kon-

fliktarme. Auch aus einer verwirklichten Utopie ist das Leid nicht zu tilgen, nicht der Schrecken, nicht das existenzielle Unglück. Abgeschafft würde »lediglich« die gesellschaftliche, also unnötige Not der Ausbeutung und des Unrechts.

Konfliktarmut? Es gibt nun einmal viele Interessen, und eine Kooperation der »frei vergesellschafteten Individuen« wird den Zusammenprall von Interessen nicht abschaffen können, wenn sie deren Vielfalt und weite Verzweigung geradezu als Gründungsgebot aufstellt. Streit wird jedoch im Rahmen demokratischer Verfahren ausgetragen, Marx sprach von Planung. Die staatssozialistische Form der zentralistischen Planwirtschaft war damit allerdings nicht gemeint.

Was eine sozialistische Gesellschaft sei und wie Übergänge zu ihr gestaltet werden sollten – das ist ein Debattengegenstand, dem zum Glück jede Festlegung fehlt. Ausgangspunkt könnte eine Rahmensteuerung kapitalistischer Marktwirtschaften sein, bei der möglichst viel soziale Gerechtigkeit erreicht und ökologischen Erfordernissen wirklich konsequent Rechnung getragen wird; die Produktion und der Einsatz von Investitionsgütern werden politisch gesteuert.

In der Diskussion sollte auch eine Vergesellschaftung von Großbanken und Konzernen sein; Belegschaftsmitbestimmung und -eigentum bricht die Dominanz des großen Privateigentums an Produktionsmitteln. Eine sozialistische Gesellschaft kann auch als »kombinierte« Wirtschaftsdemokratie verstanden werden – zentrale Rahmenplanung, aber dezentrale Planungen

»von unten«. Es gibt keine Wirtschaftsdemokratie ohne eine demokratische Mitbestimmung in den Betrieben. Die Vergenossenschaftlichung (in bestimmten Bereichen) wäre sehr wohl eine Möglichkeit, um eine demokratische Verwaltung in den Betrieben – Investitionsentscheidungen eingeschlossen – zu realisieren.

Das schließt Privateigentum an kleinen und mittelständischen Unternehmen und deren kostensenkende und qualitätssteigernde Konkurrenz nicht aus.

*

Ein Wort nun zum gegenwärtigen Verhältnis von Wirtschaft und Politik. Weltweit herrscht kein Primat der Politik mehr, weil die großen Banken und bestimmenden Konzerne zu übermächtig sind. Es gibt keine Struktur für eine funktionierende Weltpolitik. Keine Struktur und keinen Plan. Es ist so, als stünde die Politik vor einem breiten, tiefen, reißenden Fluss und hätte, um hinüberzugelangen, nur eine einzige Idee: austrinken. Deutschland macht da keine Ausnahme. Übrigens verwies Frau Merkel mal darauf, das Primat der Politik müsse wieder hergestellt werden. Dies war ein Eingeständnis: Dieses Primat existiert momentan nicht.

Bei Günther Jauch war ich in einer Talkrunde, neben mir saß Anja Kohl, die Börsen-Korrespondentin der ARD, sie sagte: »Herr Gysi, wenn Sie Kanzler wären und die Deutsche Bank käme zu Ihnen und teilte Ihnen mit, sie müsse in einer Woche in Insolvenz gehen, dann bliebe Ihnen doch auch nichts anderes übrig, als sie zu retten. Sonst bräche das gesamte Finanzsystem zusammen.«

Der Journalistin habe ich geantwortet: »Erstens kann ich mir nicht vorstellen, Kanzler zu sein, dafür reicht meine Phantasie nicht aus. Aber selbst wenn ich mir größte Mühe gebe und es mir also doch einbilde, dann haben Sie wahrscheinlich recht. Aber wenn Sie recht hätten, bedeutete das Folgendes: Die Leute haben mich zum Kanzler gewählt, und was mache ich dann – ich rette die Deutsche Bank. Na, die wären vielleicht bedient. Die Briefe, die ich dann bekäme, kann ich mir alle sehr gut ausmalen. Sie würden gewiss die allgemeine Ansicht widerspiegeln, dass die Deutsche Bank zu mächtig sei. Weil nicht der Kanzler entscheidet, was sie tut. Sondern die Deutsche Bank entscheidet, was der Kanzler zu tun hat.«

Deshalb ist es aus meiner Sicht richtig, die großen privaten Banken zu verkleinern und sie öffentlich-rechtlich wie die Sparkassen zu gestalten. Nicht als Staatsbanken! Das nutzt nichts – weil die Landesfinanzminister genau so einen Unsinn entscheiden können wie die Deutsche Bank. Deshalb endeten die Landesbanken fast alle in der Pleite. Aber die öffentlich-rechtlichen Sparkassen waren nicht mit einbezogen, die Genossenschaftsbanken auch nicht. Und was für die Banken gilt, gilt auch für die großen Konzerne: Die will ich ebenfalls verkleinert sehen. Damit wir wieder zu jenem notwendigen Primat der Politik gelangen. Demokratie haben wir in der Politik, kaum in der

Wirtschaft. Das heißt: Wenn die Wirtschaft regiert, ist das gefährlich und undemokratisch.

*

Wie gesagt, Sozialismus ist ein Begriff, der in der politischen Diskussion immer wieder auch zu Missverständnissen führt. Das liegt wohl nicht zuletzt daran, dass sich dieser Terminus im Laufe der Geschichte zunehmend als eine »östliche« Angelegenheit erwies, während im Westen sozialreformistische Wege beschritten wurden, für die immer seltener das Wort »Sozialismus« verwendet wurde (es sei denn, Neoliberale der hysterischen Art versuchten sich in Polemik und Abschreckung). So kam es zu der Eigentümlichkeit, dass sich im Westen eine Art Rechtfertigungsbedürfnis bei denen einstellte, die etwas Sozialistisches anstrebten. Jedes Bekenntnis war daher von der raschen, reflexhaften Beteuerung begleitet: »(…) aber natürlich nicht wie in der DDR«.

Die äußerst blasse Strahlkraft des Staatssozialismus und die damit arg beschädigte Vorstellung dessen, was überhaupt Sozialismus sein könne, erinnert mich an einen schwerreichen Franzosen, der des Öfteren meine Eltern in Berlin besuchte. Ich war noch Schüler, bekam aber mit, dass er ein Sympathisant der Kommunistischen Partei Frankreichs war. Frech fragte ich ihn: Was er denn mache, wenn die sozialistische Revolution in Frankreich siegte. Der Millionär antwortete: »Dann gehe ich sofort in die Schweiz und kämpfe dort weiter!«

Sehr ähnlich geht es übrigens in einer Anekdote zu, die man über Karl Marx erzählt. Er arbeitete an letzten Korrekturen zum ersten Band des »Kapitals« und war deshalb einen Monat lang Gast im Hause des renommierten Arztes Ludwig Kugelmann. Man saß oft bei Tisch, plauderte über viele Themen, über Literatur, Kunst, Musik, nur den Fragen zu seiner Weltanschauung verweigerte sich Marx. Einmal bemerkte Gertrud Kugelmann, die Dame des Hauses: »Lieber Marx, ich kann mir Sie nicht in einer nivellierenden Zeit denken, da Sie durchaus aristokratische Neigungen und Gewohnheiten haben.«

»Ich auch nicht«, antwortete Marx. »Diese Zeiten werden kommen, aber wir müssen dann fort sein.« Als die DDR in Umbruch geriet, bestand die SED zunächst noch eine Weile, wir versahen deren Namen mit einem Zusatz: Sozialistische Einheitspartei Deutschlands – Partei des Demokratischen Sozialismus (SED/PDS). Diese Beifügung des »Demokratischen Sozialismus« war mir so wichtig, weil ich für die Partei und die Außenwelt manifestieren wollte, dass Demokratie künftig für uns Lebensquell bedeutete. Und zwar als Praxis! Auf Einwände, die mir Tautologie vorwarfen: ein wirklicher Sozialismus sei immer demokratisch, konnte ich nur sagen: Das mag schon sein, aber die Menschen haben über Jahrzehnte das Gegenteil erlebt. Es ging jetzt nicht um Wissenschaft und deren Definitionen und Theoreme, sondern um glaubhafte Politik. Du kannst die besten und stimmigsten Klassenanalysen verfertigen, du kannst über sämtliche politökonomische Strukturfragen informiert sein, du kannst Marx und Engels von vorn bis hinten und wieder zurück gelesen haben – wenn dir die Leute nicht folgen, aus welchen Gründen auch immer, dann hast du das als Politiker zu akzeptieren, du darfst einzig und allein mit den Mitteln der demokratischen Kultur um Gehör und Stimmen kämpfen. Jedenfalls in unserem Gelände der hochentwickelten Zivilisation und Demokratie. Es darf nie wieder der Eindruck entstehen, Linke würden, aus einer in sich logischen, aber eben geschlossenen Theorie heraus gegen den Mehrheitswillen der Bevölkerung alleinige Macht ausüben wollen.

Die Marx-Lektüre erinnert vielfach an den Ursprung der Linken, nämlich die Abschaffung unwürdiger Verhältnisse von Ausbeutung und Armut. Da war nichts mit Metaphysik und Transzendenz. Mit der frühen Erkenntnis, dass dies ein weltbestimmender und weltsprengender Machtkampf werden würde, kam allerdings die Befeuerung durch Ideologie – deren Folgen wir kennen. Aber natürlich durften Linke sich berechtigt edelmütig fühlen. Wer sich für den Adel einsetzte, setzte sich für Mächtige ein. Wer sich dann für die Kapitalisten einsetzte, setzte sich ebenfalls für Mächtige ein. Wer aber für die niederen Stände kämpfte, der hatte doch unzweifelhaft die wertvollere Mission! Und so kam zum Kampf für die Gerechtigkeit auch der Kampf mit der Selbstgerechtigkeit.

Manchmal werde ich gefragt, ob ich mich je als Kommunist fühlte. Ja! Das hing mit der Herkunft meiner Familie zusammen. Aber ich besitze nicht die kulturelle Hoheit, um den Inhalt von Begriffen in der Gesellschaft zu bestimmen. Wenn die Leute unter Kommunisten jene verstehen, die eine klassenlose Gesellschaft anstreben, eine Gesellschaft, in der es, zum Beispiel, wirkliche Chancengleichheit und jene Freiheit gibt, die Marx als Erlösung aus der kapitalbedingten Entfremdung kennzeichnete – ja, dann habe ich doch keine Schwierigkeit, mich mit diesem Begriff zu versehen. »Der Kommunismus unterscheidet sich von allen bisherigen Bewegungen dadurch, dass er die Grundlage aller bisherigen Produktions- und Verkehrsverhältnisse umwälzt und alle naturwüchsigen Voraussetzungen zum ersten Mal mit Bewußtsein als Geschöpfe der bisherigen Menschen behandelt, ihrer Naturwüchsigkeit entkleidet und der Macht der vereinigten Individuen unterwirft.«

Wenn ich aber in der Gesellschaft feststelle, dass Menschen unter dem Begriff des Kommunismus den Stalinismus, den Maoismus, die Toten an der Mauer, die Diktatur einer Partei fassen, dann bin ich nicht dogmatisch und bestehe also nicht trotzig auf diesem Wort, das bei Menschen Furcht und Ablehnung und Vorurteile auslöst. Ich grenze mich ab und nenne mich bewusst kritischer Sozialist. Demokratischer Sozialist.

Es gab im Übrigen weltweit bisher nur drei Versuche eines wirklich demokratischen Sozialismus. Ihnen allen wurde militärisch der Garaus gemacht: der Pariser Kommune, dem Prager Frühling durch die Sowjetunion und jenem Chile des sozialistischen Präsidenten

Salvador Allende, das die Reaktion mit Hilfe des US-Geheimdienstes blutig niederputschte.

In seiner Schrift »Der Bürgerkrieg in Frankreich« schrieb Marx über die Kommune: »Die Arbeiterklasse verlangte keine Wunder von der Kommune (…) Sie weiß, daß (…) sie (…) lange Kämpfe, eine ganze Reihe geschichtlicher Prozesse durchzumachen hat, durch welche die Menschen wie die Umstände gänzlich umgewandelt werden. Sie hat keine Ideale zu verwirklichen; sie hat nur die Elemente der neuen Gesellschaft in Freiheit zu setzen, die sich bereits im Schoß der zusammenbrechenden Bourgeoisiegesellschaft entwickelt haben.«

Als Anwalt hat mir immer imponiert, wie Marx die Pariser Kommune verteidigte, als stünde er als deren Verteidiger direkt im Gerichtssaal und richte sein Plädoyer an Feinde: »Die Kommune, rufen Sie aus, will das Eigentum, die Grundlage aller Zivilisation, abschaffen! Jawohl, meine Herren, die Kommune wollte jenes Klasseneigentum abschaffen, das die Arbeit der vielen in den Reichtum der wenigen verwandelt. Sie beabsichtigte die Enteignung der Enteigner. Sie wollte das individuelle Eigentum zu einer Wahrheit machen, indem sie die Produktionsmittel, den Erdboden und das Kapital, jetzt vor allem die Mittel zur Knechtung und Ausbeutung der Arbeit, in bloße Werkzeuge der freien und assoziierten Arbeit verwandelt. – Aber dies ist der Kommunismus, der ›unmögliche‹ Kommunismus!«

Rasant, dynamisch, ein rhetorisches Lehrbeispiel auch die Ansprache des imaginären Arbeiters an den

Kapitalisten, im »Kapital«-Vorwort: »Die Ware, die ich dir verkauft habe, unterscheidet sich von dem andren Warenpöbel dadurch, daß ihr Gebrauch Wert schafft und größren Wert, als sie selbst kostet (...) Du predigst mir beständig das Evangelium der ›Sparsamkeit‹ und ›Enthaltsamkeit‹. Nun gut! Ich will wie ein vernünftiger, sparsamer Wirt mein einziges Vermögen, die Arbeitskraft, haushalten und mich jeder tollen Verschwendung derselben enthalten. Ich will täglich nur soviel von ihr flüssig machen, in Bewegung, in Arbeit umsetzen, als sich mit ihrer Normaldauer und gesunden Entwicklung verträgt (...) Die Benutzung meiner Arbeitskraft und die Beraubung derselben sind ganz verschiedne Dinge (...) Ich verlange also einen Arbeitstag von normaler Länge, und ich verlange ihn ohne Appell an dein Herz, denn in Geldsachen hört die Gemütlichkeit auf. Du magst ein Musterbürger sein, vielleicht Mitglied des Vereins zur Abschaffung der Tierquälerei und obendrein im Geruch der Heiligkeit stehn, aber dem Ding, das du mir gegenüber repräsentierst, schlägt kein Herz in seiner Brust. Was darin zu pochen scheint, ist mein eigner Herzschlag. Ich verlange den Normalarbeitstag, weil ich den Wert meiner Ware verlange, wie jeder andre Verkäufer.«

*

Jetzt, nach dem Zusammenbruch des Staatssozialismus in Europa, scheint es noch schwerer zu sein, für den Sozialismus einzutreten, zu werben und dessen Attraktivität zu »erzählen«. Alternativen dazu? Die neoliberale Offensive hat auch die Fundamente des erwähnten sozialstaatlichen Reformismus ausgehöhlt und ihren Hauptakteur, die Sozialdemokratie, geradezu in die Flucht geschlagen. Wir leben daher in der eigenartigen Situation, dass wir vor dem Hintergrund einer epochalen Niederlage der Linken agieren, aber zugleich alte, jedoch nicht eingelöste Träume neu beleben wollen.

Einzig eine feste Gesinnung nützt da wenig, Abschottung schon gar nicht. Sich in kleinen Zirkeln der Idealtreue zu verbarrikadieren, würde nur bewirken, dass die Frommen immer frommer werden, mehr jedoch nicht. Man kann, was nottut, sehr einfach sagen, aber damit ist doch alle Mühe, alle Arbeit, alle Kompliziertheit des Vorhabens angedeutet: Wer aus dieser Gesellschaft heraus will, muss in sie hineingehen und mehr darüber wissen, wohin er will.

*

»Die Geschichte aller bisherigen Gesellschaft ist die Geschichte von Klassenkämpfen.« Karl Marx.

Muss man beim Abschied von verstaubten Lehren und Praktiken, die der bisherige staatssozialistische Emanzipationsversuch mit sich brachte, auch von einer Absage an den Klassenkampf sprechen?

Mit jedem Erfolg, den die Arbeiterklasse errang, gewann sie bekanntermaßen auch Besitzstände, und mit Besitzständen kämpft es sich anders als ohne. Der Satz des »Manifests«, das Proletariat habe nichts zu verlieren als seine Ketten, erfuhr so vielerorts seine geschichtliche

Korrektur, und zum traditionellen Klassenkampf kamen zahlreiche Ausdrucksformen von übergreifenden reformerischen Bündnissen – wie es dem Charakter einer demokratisch grundierten Gesellschaft entspricht.

Aber den Klassenkampf selber hebt dies nicht auf, denn er wird nicht nur politisch, sondern auch ökonomisch geführt. Wenn »Arbeitgeber« in einer Phase des konjunkturellen Abschwungs Lohnzurückhaltung fordern, dann darf man nicht glauben, dass sie in einer späteren Phase des Aufschwungs entspannter auf Lohnforderungen regierten. Es heißt dann unverblümt, das zarte Pflänzchen der Konjunktur müsse erst einmal wieder wachsen. Ob politisch progressiv eingestellt oder nicht – als »Arbeitgeber« ist man daran interessiert, Lohnkosten nicht steigen zu lassen. Und das ist zweifelsfrei Teilnahme am Klassenkampf, ja dessen Forcierung – und er wird nicht deshalb eingestellt, weil zum Beispiel die Sozialdemokratie ihren Charakter der kapitalkonservativen Flexibilität geopfert hat und meint, damit richtig verstanden zu haben, was die Moderne sei.

Ich würde von einer Mehrdimensionalität des Klassenkampfs sprechen. Ökonomisch bleibt er auf Lohnzuwachs, vernünftige Arbeitszeit und Arbeitsbedingungen orientiert, politisch muss er immer auch als Möglichkeit gesehen werden, eine Koalition von progressiver Bourgeoisie und Lohnabhängigen gegen das Monopolkapital organisieren zu können.

Bei Klassenkampf denke ich daran, wie im Laufe des Jahres 1993 den Kalikumpeln im Eichsfelder Bischoferode im wahrsten Sinne des Wortes der Kampf erklärt wurde. Die Kali- und Salzwerke der alten Bundesrepublik wollten die Gruben im Osten geschlossen sehen. Sie wollten mit Bischofferode eine Konkurrenz beseitigen. Es gab keinen anderen Grund, denn das Kali ließ sich gut abbauen und wurde mit Gewinn nach Skandinavien und in andere Länder verkauft. Die Treuhandanstalt leistete mit einem Sozialdemokraten an der Spitze größte Hilfe bei dieser Standortvernichtung.

Die Arbeitnehmer in Bischofferode entschlossen sich, für den Erhalt ihrer Arbeitsplätze in den Hungerstreik zu treten, das hatte es in der jüngeren deutschen Geschichte noch nirgends gegeben. Eine starke Welle der Solidarität begleitete den Widerstand der Kalikumpel, aber gleichzeitig machte sich natürlich niemand Illusionen über die Machtverhältnisse. Letztlich und erwartungsgemäß verloren die Kumpel ihren Kampf.

In jenen Tagen fuhr ich oft ins Eichsfeld. Auf Protestkundgebungen sprach ich, unterhielt mich mit den Bergleuten und ihren Familien, feierte sogar Silvester mit den Kalikumpeln. Ich spürte den Sinn meiner Anwesenheit, politischer Einsatz hatte plötzlich etwas außergewöhnlich Praktisches bekommen; es schien, alles beschriebene Papier, das einem so oft die Tage zustapelt und die freie Sicht nimmt, war wie weggeblasen. Allerdings bedrückte mich zugleich ein Gefühl der Wut darüber, dem schändlichen Treiben gegen die Kumpel nicht wirklich Einhalt gebieten zu können.

Als das Ende der Bischofferöder Kaligrube nicht mehr zu verhindern war, sah ich die so starken, robusten Kumpel weinen. Ein Bild, das mir nicht aus dem

Gedächtnis gehen wird. Das ist wie eine Wunde, die man – im Unterschied zu Betrieben – nicht kalt schließen kann. Neunzehn Bischofferöder sind dann zu Fuß vierhundert Kilometer vor die Tore der Treuhandanstalt in Berlin gezogen. Der Dichter Volker Braun hat sie beschrieben, »diese dürftige tapfere Prozession mit ihren weißen Fahnen im Regen«. Sie machten sich auf den Weg und blieben, trotz Kampf, im wahrsten Sinn des Wortes auf der Strecke.

Im Jahr 2014 war Volker Braun Gast in meiner Gesprächsreihe am Deutschen Theater. Er nannte die Arbeiterklasse der DDR »eine herrschende wie angeherrschte Klasse, die umsorgt lebte und zugleich frech sorgenlos«. Plötzlich im Westen und abgewickelt, wurde vielen Ostdeutschen das Leben ohne Arbeit vielfach zu einem Unglück, und vielen Betroffenen gelang es nicht, trotzdem zu begreifen und zu genießen, was sie durch die Freiheit vielleicht auch gewonnen hatten. »So taumeln sie«, hat Volker Braun gesagt. Er bezeichnete das legendäre »Keine Gewalt!« der Wendezeit als eine »süße bittere Losung«. Letztlich eine Kurzformel für eine Ohnmacht, denn manchmal möchte man schon einen direkten Ausdruck finden für den Zorn. Angesichts eines Kapitalismus, »der im Moment der Krise nicht zu denken in der Lage ist, es könnte noch etwas anderes« als ihn geben. Dieser Kapitalismus bestrickt die Menschen mit Diskursen, die seine wahren, tiefen Probleme vertuschen. »Der Fadenschein bestrickt das Bewusstsein«, sagte Braun, die Brandherde dieser Welt befänden sich auf anderer Ebene als die Löschversuche.

In seiner Erzählung »Die hellen Haufen« hat Volker Braun den erwähnten kleinen Demonstrationszug der Bischofferöder ins Große, Massenhafte, Utopische geträumt, ein Zug von Millionen plötzlich, eine Phantasie des tätigen Zorns. Der auch andere Unternehmen, bis nach Mansfeld und Leuna hinüber, ja ganz Ostdeutschland zu einer so nie gesehenen Landschaft formt: Der Zug der Zeit, das waren plötzlich die von überall herströmenden Züge der Tausenden, die den Kolonisatoren das Treuhandwerk legen werden. Arbeiter auf dem Zug für den Frieden, der Arbeit heißt. Künftige Grundgesetze wurden auf diesem fiktiven Marsch verkündet: Nicht den Gewinn maximieren, sondern den Sinn! Verfügungsgewalt über gesellschaftliche Grundentscheidungen! Die Arbeit ist gerecht zu verteilen, unter allen, die Anspruch haben! Volker Braun hatte vom »Vormut« derer gesprochen, die im November 1989 auf den Berliner Alexanderplatz gezogen waren, ihm folgte leider nicht jener Mut, der den Zug der Bischofferöder nach Berlin als eine Gerechtigkeit einfordernde Kraft begleitet hätte.

Interessant, dass Braun im Verlauf seiner Erzählung einen herbeiphantasierten Aufstand der Arbeiter selber widerruft. Denn er wäre unweigerlich mit Gewalt verbunden. Blut würde fließen. Die Konsequenz daraus ist – demokratisch: Kritik, ja, unbedingt, aber sie darf nicht zerstörerisch einfallen in den Grundbau der Gesellschaft. Bürokratie statt Radikalität? Klingt langweilig. Und für den hohen, weiten, angreifenden Gedanken – man kann da vom feurigen Marx sehr angesteckt

werden – bedeutet Demokratie oft genug Enttäuschung. Wir kamen geschichtlich aus viel Gewalt und
sind nun in der Gewaltenteilung. Zum Glück.

*

Radikalität ist ein Grundproblem linkspolitischer Existenz. Keine Gesellschaft hat sich je so organisieren können, dass sie radikalen Hass auszutrocknen vermochte,
und keine Radikalität hat sich je so in die Geschichte
einschreiben können, dass sie nicht selber verdiente,
ebenfalls gehasst zu werden. Die Frage lautet, wie man
Dinge radikal ändert, ohne immer gleich die Grund-
feste zu zerstören. Es ist eine Prüfung für die Demokratie: Was wagt sie, welche Risiken geht sie ein, ohne sich
zu gefährden. Radikal bedeutet nicht extremistisch,
aber es bedeutet, an Wurzeln zu gehen, wie Marx es
ausdrückt, an die Grenzen des Bestehenden – um sie
zu sprengen. Wie nun kann unter Demokraten ein politisches Empfinden entwickelt und bestärkt werden,
dass das Bestehende wahrlich nicht das Beste, Endgül-
tige ist? Es gehört Mut dazu, sehr weit zu gehen, ohne
die Gefahr heraufzubeschwören, zu weit zu gehen.
    Demokratie ist nicht das Ende der Radikalität. Der
Radikalität des Denkens nämlich. Wir denken oft zu
brav. Wir nutzen den Parlamentarismus viel zu wenig
für die Pflege der originellen Idee. Wir sind zu sehr Ge-
triebene, immer kurz vor Ladenschluss. Der Betriebs-
geist der Dinge fesselt uns. Wenn ich nur ans Parlament denke: oft so langweilig, so selbstbezogen, so

dröge. Und: Wenn ich radikale Veränderungen will, muss ich den Zeitgeist verändern, muss ich die Stimmung bearbeiten. Bis etwas kippt. Eines Tages zum Beispiel kam Bismarck nicht mehr an der Sozialversicherung vorbei.

*

Vom Klassenkampf ist es begrifflich nicht weit zur Revolution. Aber eben wirklich nur begrifflich, denn Marx' bekanntes Zusammenbruchstheorem darf ja wohl kaum auf unsere Gegenwart angewendet werden. Es besteht aus drei Komponenten: der These von der zunehmenden Konzentration und Zentralisation des Kapitals, der These von der Verelendung der Massen und, damit verbunden, der These vom unweigerlich aufplatzenden Protest der Mehrheit gegen die wenigen Mehrwertaneigner.

Marx vertrat diese Thesen sehr explizit im »kommunistischen Manifest«, etwas abgeschwächt im »Kapital«. Für die proletarische Revolution argumentierte er, weil es gelte, die »Geburtswehen« der neuen Gesellschaft abzukürzen. Aber zugleich kamen ihm Zweifel: Erwüchse der Aufstand aus Verelendung, nehme er zwangsläufig die Gestalt von Grobheit, Gewalttätigkeit, ja Barbarei an. Und es schauderte ihn. Je eher die Arbeiterklasse also in der Lage sei, eine revolutionäre Umgestaltung durchzuführen, gewissermaßen noch mit Sicherheitsabstand zum besinnungslos tobenden Zorn, desto besser für alle. Aufschlussreich, dass Marx und Engels es gerade in den fortgeschrittenen Demokratien des Westens sogar für möglich hielten, diesen Übergang in eine sozialistische Gesellschaft mit friedlichen Mitteln zu gestalten – unter Nutzung der demokratischen Institutionen. Friedrich Engels betonte sogar, dass die demokratische Republik die wahre Form der Diktatur des Proletariats sei, wobei der Marx'sche Begriff der Diktatur unglücklich war und von allen Seiten missbraucht wurde.

In der inzwischen lange währenden Geschichte der Revolutionstheorien hat die starre Verteidigung des angeführten Zusammenbruchtheorems links leider zu immensen Fehleinschätzungen politischer Realitäten geführt. Im Gegensatz zu vielen gesellschaftswissenschaftlichen Prognosen wirkte Verelendung kaum als Initialzündung für Erhebungen. Aber die Theorie hielt sich ziemlich hartnäckig. Selbst Heiner Müller forderte nach 1990: »Obdachlosen keine Almosen! Bettlern am Straßenrand keinen Pfennig! Durstigen in der Gosse keinen Schluck Cola: Mitleid, umgesetzt in Münzen, zerstört das revolutionäre Bewusstsein.« Ernst gemeint? Wahrscheinlich meldete sich da »nur« der provokative Geist des Dichters, der das eherne Gebot veralteter Befreiungskonzepte beschwor, um deren Zweifelhaftigkeit ins Licht zu ziehen.

Reform oder Revolution. Wir sollten grundsätzlich vorsichtig bleiben in der Zuweisung, was richtig sei. Zumindest in entwickelten und (noch) sozialstaatlich verfassten Demokratien fällt die politische Revolution vorerst ohnehin aus; zu groß ist die allgemeine Angst, es entstünde (wieder) eine Herrschaftsform, die emanzipative Errungenschaften verspielt.

Aber auch die Rede von einer sozialen Revolution, also einer anderen Organisation der gesellschaftlichen Arbeit, hat derzeit nur eine metaphorische Dimension. Was angestrebt werden kann, ja muss, sind Reformen, die, wenn sie tief genug gehen, Einstiegspunkte für mögliche gesellschaftliche Transformationen sein könnten. Dieser Begriff der Transformation, der auf soziale Innovationen zielt, führt das mit der sozialen Revolution Gemeinte mit sich, er drückt es nur weniger gewaltsam aus.

Was bedeutet nun aber Reform? Wenn man sie grundlegend denkt, ist sie kein Gegensatz zur Radikalität – vor der sich viele vielleicht fürchten, weil sie eben sehr nach Revolution klingt. Ein Beispiel für die Möglichkeit (und Dringlichkeit!) einer radikalen Reform bietet der Wohnungsmarkt. In der Bundesrepublik besteht ein sehr großer Teil der Wohnungen aus Mietwohnungen. Die Wohnungspreise und in deren Folge die Mieten sind derart angestiegen, dass ein massives soziales Problem entstand, das auch Konservative nicht ignorieren können. Ausreichend Wohnraum für einen Menschen hat den Charakter eines Menschenrechts: Die verwertungsgetriebene Entwicklung der Städte gefährdet dieses Menschenrecht enorm. Es gibt immer mehr Wohnungslose und in der Folge auch Obdachlose.

Mit der »Mietpreisbremse« ging die Bundesregierung einen falschen Weg. Wirkungsvoller wäre die Überlegung, welche Bevölkerungsgruppen am ehesten Schutz vor Wohnungsverlust benötigen, und dann Wohnungen explizit in Sozialwohnungen umzuwandeln. Man könnte den Kreis von Leistungsberechtigten für Wohngeld vergrößern und dergleichen mehr. Man könnte Wohnungen rekommunalisieren. Ziel jedenfalls müsste es sein, Menschen davor zu schützen, ihre Wohnung plötzlich zu verlieren. Denn soziale Rechte wie das Recht auf Wohnen erzeugen im Falle, dass sie gelten dürfen, eine besondere Form der Sicherheit: Sie erzeugen Freiheit. Wenn man aber aufgrund drohender Arbeitslosigkeit Gefahr läuft, seine Wohnung nicht mehr bezahlen zu können, hat man vielleicht begründete Angst davor, eine Auseinandersetzung im Unternehmen mit der nötigen Schärfe zu führen.

Die radikalste Lösung wäre, den Wohnungsmarkt abzuschaffen; Wohnungen können dann nicht mehr Verwertungsobjekt sein. Zu unrealistisch, obskur und abenteuerlich? In der DDR herrschte immer Wohnungsknappheit, und es wurde zu wenig instand gesetzt und modernisiert. Trotzdem: Diese öffentliche Daseinsvorsorge bedarf öffentlicher Verantwortung. Auch kommunales Eigentum und Genossenschaften machen Sinn. Räumungen darf es nur in andere Wohnungen, nicht in die Obdachlosigkeit geben.

*

Man kann heute keine Diskussion über die Zukunft führen, ohne auf die Globalisierung einzugehen. Ihre ideologische Seite besteht darin, alle anwachsenden Zumutungen im Kapitalismus als Wirkung eines objektiven Prozesses zu deuten, auf den man keinen Einfluss habe. In unmittelbarer Nachbarschaft dazu befindet sich der Verweis auf den »Sachzwang«, also auf eine Situation der (angeblichen) Alternativlosigkeit. Dass sogenannte Sachzwänge aber rasch beiseitegeschoben werden können, zeigte die Finanzkrise von 2007/08. Nie war bis dahin Geld für vernünftige Anliegen vorrätig. Plötzlich aber gab es Geld zur Bankenrettung, die zwar nicht gleich unvernünftig war, aber doch die Frage aufwarf, was an ihr denn wesentlich vernünftiger gewesen sein soll als die abgelehnten und verweigerten Investitionen in den Erhalt und die Modernisierung technischer und sozialer Infrastrukturen.

Durch Liberalisierung des Handels sowie Fortschritte in der Transporttechnologie und der Kommunikation werden unter globalen Bedingungen Auslagerungsprozesse beschleunigt. Um es überspitzt zu sagen: Was einmal Arbeitsteilung in einer Fabrik war, kann sich nunmehr auf den Erdball verteilen. All das ist aber das Resultat auch politischer Entscheidungen. Liberalisierung war politisch gewollt und kein Naturprozess. Mit dieser Entscheidung war eine Neukonfigurierung des kapitalistischen Ausbeutungsregimes verbunden. Die Steuerungsverluste der Volkswirtschaften sind demnach nicht »einfach so« passiert, und es spricht überhaupt nichts dafür, das in einer Weise zu akzeptieren, wie man die Schwerkraft akzeptiert.

Seit dem US-Wahlsieg von Donald Trump, der mit Slogans gegen die »Globalisierer« Punkte machte, ist im Gegenlager das sozialkämpferische Interesse an den Verlierern der Deindustrialisierungsprozesse neu entflammt. Inwiefern das nur ein Strohfeuer ist, bleibt

abzuwarten. Aber den Arbeitslosen stillgelegter Industrien geht es nicht gut, keine Frage; und den Beschäftigten an Standorten, in die diese Industrien abgewan-
dert sind, geht es auch nicht gerade umwerfend – denn
es sind Billiglöhne, die dort gezahlt werden. Wem geht
es denn dann überhaupt gut? Offensichtlich den Pro-
fiteuren dieser Prozesse. Heute besitzen laut Oxfam die
reichsten Menschen so viel wie die ärmere Hälfte der
Weltbevölkerung, das sind 3,7 Milliarden Menschen.
Vor anderthalb Jahren zählte die reichste Seite der
Menschheit noch 62 Menschen, vor fünf Jahren noch
366. Das Gesamtvermögen der ärmeren Hälfte hat sich
um rund eine Billion Dollar verringert (41 Prozent).
Demgegenüber ist die Zahl der Dollarmilliardäre auf
2043 gestiegen. Innerhalb der Bundesrepublik gibt es
eine analoge Entwicklung. Die These von Marx, wonach der kapitalistischen Akkumulation eine Tendenz
zunehmender Konzentration und Zentralisierung innewohnt, ist eben sehr akut.

Trump übrigens ist nicht sehr weit von Napoleon III.
entfernt, wenn man im »Achtzehnten Brumaire« Marx'
Anmerkungen zu diesem liest: »Von den widerspre-
chenden Forderungen seiner Situation gejagt, zugleich
wie ein Taschenspieler in der Notwendigkeit, durch
beständige Überraschung die Augen des Publikums auf
sich (…) gerichtet zu halten, also jeden Tag einen Staats-
streich en miniature zu verrichten, bringt er die ganze
bürgerliche Wirtschaft in Wirrwarr, tastet alles an (…)
und erzeugt die Anarchie selbst im Namen der Ordnung, während er zugleich der ganzen Staatsmaschine

den Heiligenschein abstreift, sie profaniert, sie zugleich ekelhaft und lächerlich macht.« Frappierend!

Die Befürworter der Globalisierung – diejenigen also, die meinen, dass deren Negativeffekte nicht so ins Gewicht fielen – tun häufig so, als sei der Kapitalismus erst jetzt ein Weltsystem geworden, vorher hätten autarke Ökonomien vor sich hin geackert. Das stimmt nicht, auch wenn zu Marx' Zeiten der strukturgebende Prozess der Weltsystemgestaltung anders verlief, er bestand in der Kolonialisierung der Welt und im ausbeuterischen Handel zwischen den Kolonien und den »Mutterländern«.

Aus dem »Kommunistischen Manifest« zitiere ich nur dies: »Das Bedürfnis nach einem stets ausgedehnteren Absatz für ihre Produkte jagt die Bourgeoisie über die ganze Erdkugel. Überall muß sie sich einnisten, überall anbauen, überall Verbindungen herstellen. Die Bourgeoisie hat durch ihre Exploitation des Weltmarkts die Produktion und Konsumption aller Länder kosmopolitisch gestaltet. Sie hat zum großen Bedauern der Reaktionäre den nationalen Boden der Industrie unter den Füßen weggezogen. Die uralten nationalen Industrien sind vernichtet worden und werden noch täglich vernichtet. Sie werden verdrängt durch neue Industrien, deren Einführung eine Lebensfrage für alle zivilisierten Nationen wird, durch Industrien, die nicht mehr einheimische Rohstoffe, sondern den entlegensten Zonen angehörige Rohstoffe verarbeiten und deren Fabrikate nicht nur im Lande selbst, sondern in allen Weltteilen zugleich verbraucht werden

(…) An die Stelle der alten lokalen und nationalen Selbstgenügsamkeit und Abgeschlossenheit tritt ein allseitiger Verkehr, eine allseitige Abhängigkeit der Nationen voneinander (…) Die Bourgeoisie reißt durch die rasche Verbesserung aller Produktionsinstrumente, durch die unendlich erleichterte Kommunikation alle, auch die barbarischsten Nationen in die Zivilisation. Die wohlfeilen Preise ihrer Waren sind die schwere Artillerie, mit der sie alle chinesischen Mauern in den Grund schießt (…) Sie zwingt alle Nationen, die Produktionsweise der Bourgeoisie sich anzueignen, wenn sie nicht zugrunde gehen wollen; sie zwingt sie, die sogenannte Zivilisation bei sich selbst einzuführen, d. h. Bourgeois zu werden. Mit einem Wort, sie schafft sich eine Welt nach ihrem eigenen Bilde.«

Klingt wie die Beschreibung eines schrecklichen Mahlwerks. Grandios die Sprache, in der Marx und Engels das fassen. Die Konzerne wissen, dass es keine funktionierende Weltpolitik gibt, die sie wirksam regulieren kann. Sie haben aber durch ihr Vorgehen und mit Hilfe des Internets einen weltweiten Vergleich des Lebensstandards organisiert.

*

Staaten haben heute mit dem Problem zu kämpfen, Spielball eines globalen Kapitalismus zu sein. Wir müssen also Steuerungsideen auf eine andere organisatorische Ebene heben. Meiner Meinung nach muss die Linke in Europa schon deshalb an einer reformierten funktionierenden Europäischen Union interessiert sein. Nicht an einem Europa der Konzerne, der absurden Normierungen und Bürokratisierungen, nicht der Militarisierung, aber an einer demokratischen und sozialen EU. Dafür zu kämpfen, ist eine der entscheidenden Bewährungsproben.

Lange Zeit hatte sich niemand für Europa wirklich interessiert, ins Europäische Parlament wurden auch peinlich gewordene oder entsorgungsbedürftige Politiker abgeschoben. Nach einer kurzen Phase der Europa-Euphorie gab es die große Ernüchterung, die eine Krise einleitete: Zunächst das Scheitern des Verfassungsvertrags und dann, nachdem der Lissabon-Vertrag als Ersatz durchgepeitscht wurde, die sogenannte »Eurokrise«. Die Frage, die mit der Auseinandersetzung zwischen der Eurogruppe und der SYRIZA-geführten griechischen Regierung entschieden wurde, war die Frage, was für ein Europa man eigentlich will: ein Europa des Nationalegoismus, in dem die einzelnen Volkswirtschaften als Nutzenmaximierer agieren, oder ein Europa des Ausgleichs, in dem Kooperationsgewinne gerecht verteilt werden können.

Formen des supranationalen Rechts, das schließlich auch zur Schaffung eines gemeinsamen Markts beitragen soll, existierten zu Marx' Lebzeiten nicht. Marx eröffnete jedoch eine Perspektive, mit der auch die Konflikte in Europa analysiert werden können: Wer kämpft gegen wen? Sind es wirklich nur Nationalegoismen? Marx' Internationalismus war ein Internationalismus im Interesse der unterworfenen Klassen. Europäische Solidarität heute, die den Namen verdient, müsste ebenfalls eine Solidarität der deutschen Krisenverlierer und Bedrohten mit den Krisenverlierern Griechenlands und anderer Länder sein. Daher muss eine Linke vor allem auch den Wohlstandschauvinismus und andere Formen der nationalistischen Artikulation kritisieren und politisch bekämpfen.

Über ein derart anders formiertes Europa kann die Linke auch Gestaltungsmöglichkeiten für die Weltgesellschaft wahrnehmen. »Global Governance«? Das ist nicht nur ein Schlagwort. Damit bezeichnet man ein bereits existierendes Institutionengeflecht aus UN, diversen UN-Organisationen, international agierenden NGOs, der Weltbank, dem IWF, der WTO und selbstverständlich auch Staatenorganisationen wie der EU, der Shanghai-Organisation usw. Dieses Geflecht ist nicht das festeste. Aber die EU könnte darin ein wichtiger Akteur werden – wenn sie denn stärker auf innere Kohärenz achtete.

Die Bourgeoisie spielt ihre revolutionäre Rolle dadurch, dass sie die Klasse der permanenten Modernisierung ist, wie man es heute auch bei der Digitalisierung erlebt. Sie kann, wie Marx erkannte, nicht existieren, »ohne die Produktionsinstrumente, also die Produktionsverhältnisse, also sämtliche gesellschaftlichen Verhältnisse fortwährend zu revolutionieren (...). Das Detailgeschick des individuellen Maschinenarbeiters verschwindet als ein winzig Nebending vor der Wissenschaft, den ungeheuren Naturkräften und der gesellschaftlichen Massenarbeit, die im Maschinensystem verkörpert sind.«

Das gesellschaftstheoretische Problem lautet: Wie könnte der von der Bourgeoisie ausgelöste Prozess der

Modernisierung in Bahnen gelenkt werden, die anderes versprechen als Ausbeutung und entsprechende Kalkulation? Und wer könnte treibende Kraft dieser anderen Modernisierung sein?

Es gibt, wie Ernst Bloch es nennen würde, Unabgegoltenes. Die Widersprüche der kapitalistischen Gesellschaften werden nicht kleiner. Zu den materiellen Verteilungskonflikten zwischen Nord und Süd gesellen sich die Folgen ökologischen Raubbaus. Der Klimawandel führt zur Verödung von Landstrichen und damit auch zur Landflucht, er heizt Konflikte an und ist eine weitere Fluchtursache. Die globale Ungleichheit wird aber nicht zu halten sein, weil ihre Folge, die Wellen von Fliehenden, durch Abschottung nicht zu stoppen ist. Die internationalen Konzerne haben die Menschheit »vernetzt« und durch die entstandenen Vergleichsmöglichkeiten auch die soziale Frage aus dem nationalen Rahmen gelöst und sie zu einer Frage der Menschheit werden lassen. Neben Kriegen ist die globale Ungleichheit eine der wichtigsten Ursachen der Massenmigration. Militarisierte Abschottungspolitik hilft nicht. Wir benötigen dringend ein Umsteuern. Wie kann unterentwickelten Ländern der Weg zu jener anderen Modernisierung ermöglicht werden, die Wohlstand mit Naturschutz verbindet? Ist so eine Entwicklung überhaupt möglich, ohne dass sich die kapitalistischen Zentren grundlegend verändern?

Ich möchte nicht, dass der Kapitalismus die letzte Antwort der Geschichte ist. Er kurbelt eine sehr effiziente Wirtschaft an, auch, aber eben nicht nur durch

Ausbeutung der sogenannten Dritten Welt. Er vollbringt Höchstleistungen in Wissenschaft und Forschung, auch in Kunst und Kultur. Häufig setzen sich Kunst und Kultur kritisch mit dem Kapitalismus auseinander, aber: Er bringt diese widerständige Kraft hervor und erneuert stets die Bedingungen, unter denen sie sich entfalten kann. Der Kapitalismus kann, aber er muss nicht demokratisch, freiheitlich und rechtsstaatlich organisiert sein. Aber verflucht: Er verdient am Krieg, ist sozial höchst ungerecht, ökologisch nicht nachhaltig, wenn es sich nicht rechnet, und begrenzt die Emanzipation. Deshalb streite ich für einen demokratischen Sozialismus, der die positiven Fähigkeiten des Kapitalismus übernehmen muss. Mehr und mehr – nicht nur ökologisch – geht es um die Gattungsfrage. Wenn nicht entschieden und rasch umgesteuert wird, vernichten wir uns selbst. Wir sind verloren, wenn uns das Wissen um die eigene Vergänglichkeit nicht bändigt. Wir sind verloren, wenn wir uns nicht wieder einfügen in die Gesetze der Natur, deren Teil wir am allerwenigsten in der fatalen Logik sind, dass der Stärkere den Schwächeren besiegt.

Ich glaube an diese beschriebene Transformation hin zu einem demokratischen Sozialismus. Einer Diktatur, egal wie sie sich nennt, werde ich mich immer widersetzen. Meine Lebenserfahrung besagt, dass niemand das Recht hat, andere zu ihrem Glück zu zwingen. Man darf lediglich versuchen, einen Weg zu mehr sozialer, kultureller Gerechtigkeit aufzuzeigen.

*

Es ist unbestritten schwer, jeden Tag Kapitalismus so zu leben, dass wir unser Bewusstsein dabei resistent halten gegen diesen um sich greifenden, rücksichtslosen Eigennutz. Und die Annehmlichkeiten sind auch nicht zu unterschätzen. Das Vertrackte: Was wir am Kapitalismus kritisieren, bringt dem Einzelnen bisweilen massive Vorteile auf sozialen »Wettbewerbsmärkten«, bei Konsum und Komfort. Wer im Auto sein Navi nutzt oder Google Earth anklickt – denkt der immer gleich daran, dass dies nur der Nebeneffekt ganz anders dimensionierter Beobachtungs- und Kontrollsysteme ist? Gewiss, irgendwelche Personalchefs, Kreditgeber oder Krankenkassen mögen unsere Zukunft screenen, aber gemerkt haben wir das gerade heute nicht. Gestern auch nicht. Ist doch schön. Die Gefahr ist vielfach unsichtbar.

Andererseits: Sorge und Kritik dürfen uns wirklich nicht unfähig machen für die Lust am Dasein. Das sage ich, auch wenn ich weiß, wie vielen Menschen dieser Genuss entzogen ist. Von meinem guten Freund, dem Theaterregisseur Frank Castorf, stammt der schöne Satz: »Es gibt schon eine ganze Menge am Kapitalismus zu genießen – bevor wir ihn töten.«

Karl Marx: Gut gesagt

Wenn der Zweck die Mittel heiligt,
dann ist der Zweck unheilig.

> *Alle Revolutionen haben bisher nur eines*
> *bewiesen, nämlich, daß sich vieles ändern*
> *läßt, bloß nicht die Menschen.*

Man muß das Volk vor sich selbst erschrecken
lehren, um ihm Courage zu machen.

> *Das Volk, das ein anderes unterjocht,*
> *schmiedet seine eigenen Ketten.*

Der christliche Sozialismus ist nur das Weihwasser, wo-
mit der Pfaffe den Ärger der Aristokraten einsegnet.

> *Die politische Gewalt im eigentlichen*
> *Sinne ist die organisierte Gewalt einer*
> *Klasse zur Unterdrückung einer anderen.*

114

Revolution:
ruckartige Nachholung verhinderter Entwicklung.

> *Je weniger du bist, je weniger du dein Leben*
> *äußerst, um so mehr hast du, um so größer ist*
> *dein entäußertes Leben.*

Der wirkliche Reichtum eines Menschen
ist der Reichtum seiner wirklichen Beziehungen.

> *Es gibt nur eine Medizin gegen seelisches Leiden,*
> *den physischen Schmerz.*

Jeder Mensch und jedes Buch läßt sich auf drei
Seiten zusammenfassen, und diese drei Seiten lassen
sich auf zwei Zeilen reduzieren.

Falsche Sätze,
plötzlich richtig

*Taugt Marx für Hitparaden? – Wenn er Franzose
wäre … – Linker Geist und teure Restaurants –
Londons Highgate und Moskaus Kremlmauer – Auch
in Parteiprogrammen wildert der Druckfehlerteufel –
Eine Renaissance, der Lügen und Rufmord
vorausgingen*

»Natürlich bin ich nicht größer als Marx, aber länger schon.«

Letztlich geschieht in einer Gesellschaft nur das, was die Menschen zulassen. Es gibt politische, emanzipatorische Bewegungen, wie es Gegenbewegungen dazu gibt – aber ich glaube an eine Transformation der Gesellschaft hin zu größerer, beständiger Humanität. In einer so angespannten Zeit des Suchens, des Kampfes, aber auch der Ratlosigkeiten bekommt auch Karl Marx wieder einen merklichen Stellenwert. Sein Werk – und sein Leben. Seine Emigration, seine Auseinandersetzungen, sein privates Leben, vor allem aber die skizzierte unbeschreibliche Freundschaft mit Friedrich Engels. Ich habe lange nachgedacht, ob ich in meinem Leben einen Freund hatte oder habe, für den ich so viel zu tun bereit gewesen wäre, wie es Engels für Marx tat. Einer, nur ein einziger ist mir eingefallen.

Auch über Lebenslust und Sinn für die schönen Dinge ist nachzudenken, gerade wenn man an Friedrich Engels denkt. Ich habe mal gut gegessen in einem Restaurant, da kam jemand vorbei und sagte: »Aha, auch ein Linker will nicht arm sein.« Wir hatten ein kurzes Gespräch, ich habe dem Mann erklärt, dass ich nie arm war und es auch nicht werden will. Ein Linker bin ich, weil ich gegen Armut bin. Und zwar auch aus einem durchaus egoistischen Motiv: Wenn ich von Armut umgeben bin, fühle ich mich nicht wohl. Ich will mich aber wohlfühlen. Ich kann auch dem Ratschlag nicht folgen, Urlaub in Entwicklungsländern zu verbringen, weil denen angeblich das Geld hilft, das ich dort lasse. Mal abgesehen davon, wer in diesen Ländern wirklich am Tourismus verdient (Marx: Wert und Mehrwert!): Ich kann nicht am Strand liegen, während um mich herum Hunger und Elend existieren.

*

Marx ist einer der bekanntesten Deutschen weltweit. Vor Jahren suchte das ZDF in einer Art Unterhaltungsshow nach den »besten« Deutschen. Den Kandidaten wurden Paten beigesellt – ich durfte der Anwalt für Karl Marx sein. Am Ende kam er nach Konrad Adenauer und Martin Luther auf den dritten Platz. Über 1,8 Millionen Zuschauer hatten sich per Internet, Telefon, SMS und Postkarte an der wochenlangen Umfrage beteiligt. Gewiss, eine oberflächliche Aktion, eine Struktur, mit der man auch Hitparaden fertigt – aber andererseits doch, im bedauerlichen Zeitalter der Non-Reader und schnellen, großen Schlagzeilen, ein Aufmerksamkeitsschub.

Es bleibt die Frage: Warum kann unsere Gesellschaft als Ganzes nicht stolz auf so ein Genie wie Karl Marx sein? Stolz schließt kritische Auseinandersetzung doch keinesfalls aus – im Gegenteil: Erst Größe rechtfertigt Streit. Und sollte von besonderer Relevanz nicht auch sein, dass Karl Marx ein deutscher Jude war? Können wir nicht endlich eine andere Lockerheit, eine andere Offenheit entwickeln? Sind unsere Politik, unsere Wirtschafts- und unsere Politikwissenschaft nicht zu ideologisch, zu eng, zu dogmatisch, zu voreingenommen?

In Frankreich zum Beispiel herrscht eine völlig andere politische Kultur. Die Französinnen und Franzosen lieben Jeanne d'Arc und Napoleon. Man kann sich kaum zwei gegensätzlichere Menschen vorstellen. Viel fehlt uns zu solcher Leichtigkeit, zu solchem Charme, zu solchem Stil, der unter Gegensätzen nicht nur immer leidet, sondern selbstverständlich mit ihnen lebt. Gewiss, wir sind durch unsere Geschichte belastet, durch Nazidiktatur und Verbrechen im Zweiten Weltkrieg. Die Spaltung Deutschlands und die unterschiedlichen Entwicklungen in der DDR und in der Bundesrepublik Deutschland taten ihr Übriges. Aber nun sind wir doch vereint, haben uns europäisch normalisiert. Eine Partei links von der SPD im Bundestag wird kaum noch als störend empfunden, sondern gilt als ein aktiver Faktor im Parteien- und Parlamentsgelände.

An der berühmten Kremlmauer in Moskau liegen zwei Deutsche, Clara Zetkin und Rudolf Decker. Clara Zetkin war eine tapfere deutsche Kommunistin. Sie setzte sich in den zwanziger Jahren mit einer für damalige Verhältnisse fast unvorstellbaren Energie und großem Mut für eine Gleichstellung der Geschlechter ein. Sie stellte sich an die Seite der Schwächsten der Gesellschaft, der unterdrückten Frauen, der Arbeiterschaft, der Erwerbslosen. Ihre Eröffnungsrede im Herbst 1932, als Alterspräsidentin des Reichstages, war eine mutige Kampfansage gegen die Nazis. Die saßen alle schon in der ersten Reihe, Hitler, Göring und so weiter. Sie musste, als Hitler die Macht übernahm, in die Sowjetunion emigrieren und lebte dort von Anfang an isoliert, weil sie mit dem Stalin'schen Kurs nicht klarkam. In der KPD gab es nicht wenige, die sie sogar bekämpften. Einige Monate nach ihrer Emigration starb sie. An der Kremlmauer: ihr Grab und eine Büste. Warum haben es noch nie ein Bundespräsident, noch nie ein Bundeskanzler oder eine Bundeskanzlerin übers Herz gebracht, an dieser Grabstelle eine Blume niederzulegen?

Das würde doch keinesfalls politische Identifikation bedeuten, aber sehr wohl: Respekt, Souveränität, Geschichtssinn, Kultur. Die gleiche Umgangsart hat der kommunistische Gewerkschafter Rudolf Decker verdient. Weder Clara Zetkin noch er haben irgendein Verbrechen begangen, ließen sich irgendetwas zuschulden kommen, das den Schritt an ihre letzte Ruhestätte nicht rechtfertigt.

Tja, und Karl Marx? Er starb in London im Exil und ist dort beerdigt. Auch hier gilt es festzustellen: Noch nie war ein Bundespräsident, ein Bundeskanzler oder eine Bundeskanzlerin an seiner Grabstelle in Highgate. Im Übrigen ein Touristenmagnet. Ehrlich gesagt, finde ich diese deutsche offizielle Zurückhaltung, ja Pikiertheit kleinlich und peinlich. Wären Clara Zetkin, Rudolf Decker und Karl Marx Franzosen, so könnte ich wetten, dass selbst der konservativste französische Präsident an ihre Gräber träte.

Dringend wünsche ich mir diesen anderen Umgang. Auch die Linken müssen hierbei Überwindungskraft entwickeln. Sie müssen beispielsweise begreifen, dass es in jeder deutschen Stadt eine Straße geben darf, die nach Otto von Bismarck benannt wird, so wie Konservative endlich – um dabei zu bleiben – jeden Widerstand gegen eine Clara-Zetkin-Straße und erst recht gegen eine Karl-Marx-Straße aufgeben sollten. Mehr als unverständlich auch, dass es keine einzige deutsche Universität gibt, die seinen Namen trägt. Die Universität in Trier, Marx' Geburtsstadt, hat noch keinen Namen. Leidenschaftlich befürworte ich eine Initiative, diese Lehrstätte endlich nach Karl Marx zu benennen.

*

Über Marx' Leben ist viel geschrieben worden. Vieles davon ist mit Vorsicht zu genießen. Denn aufgrund der wachsenden Autorität des Wissenschaftlers innerhalb der Arbeiterbewegung sollte in der Linken das Bild eines perfekten Menschen entstehen, der keinerlei Makel hatte. Es gab natürlich auch die Gegenbewegung. Gerade weil Marx ein einflussreicher linker Intellektueller war, bildete sich in der bürgerlichen, ja antikommunistischen Geschichtswertung ein Interesse aus, seinem Ruf zu schaden. Marx und sein Werk also geradezurücken, indem man es ins Zwielicht rückte. Als sei er der theoretische Wegbereiter Stalins. Als habe er allem vorgearbeitet, was später das staatssozialistische System so in Misskredit brachte.

In Sachen Einseitigkeit hat sich in der Bundesrepublik Deutschland in besonderer Weise Konrad Löw hervorgetan. Sein Buch »Der Mythos Marx und seine Macher« (2001) liest sich wie eine suggestive Sammlung von Zitaten und Begebenheiten, die Marx als Antisemiten, Immoralisten, selbstgefälligen Rechthaber und Familientyrannen hinstellen. Die Wahrheit über Marx – der als Student weder viel von Vorschriften hielt (er führte einen verbotenen Stockdegen mit sich) noch besonders diszipliniert mit Geld umgehen konnte – ist jedoch, wie jedes Leben, weit komplizierter.

Obwohl er nicht frei von einem kulturellen Antijudaismus war, ist doch eine Charakterisierung als Antisemit völlig verfehlt. Gewiss, da war auch seine Skepsis gegenüber moralischen Urteilen – vor allem aber zählen doch die Maßsetzungen seiner Emanzipationsideen. Und hielt er es für angebracht, gegenüber einem Widerpart auch mal intellektuelle Überlegenheit zu demonstrieren, und vertrat er auch kompromisslos, was er einmal für richtig erkannt hatte – bei Marx überwogen Offenheit und seine Fähigkeit, sich von anderen geistig anregen lassen zu können. Im politischen, geistigen Streit nahm er auch persönliche Zerwürfnisse in Kauf – das heißt jedoch nicht, dass er dogmatisch an Positionen festhielt.

Und was seine Gefühlswelt betraf: Ja, einerseits reagierte er ungerührt auf den Tod seines neugeborenen Kindes (wobei da sicher eine gewisse Bewältigungsstrategie am Werke war), aber er litt andererseits sehr unter Erkrankung und Tod seines achtjährigen Sohnes Edgar.

Selbst in konservativsten Kreisen hat es ein Erschrecken und Erwecken gegeben, was die Modernität von Marx' Werk betrifft. FAZ-Mitherausgeber Frank Schirrmacher schrieb im August 2011: »Ein Jahrzehnt enthemmter Finanzmarktökonomie entpuppt sich als das erfolgreichste Resozialisierungsprogramm linker Gesellschaftskritik.« Er bezeichnete als niederschmetternd, was geschehen sei: Die Krise der sogenannten bürgerlichen Politik entwickle sich »zur Selbstbewusstseinskrise des politischen Konservatismus.« Es gebe Sätze, so Schirrmacher, die seien falsch. Und es gebe Sätze, die seien richtig. »Schlimm ist, wenn Sätze, die falsch waren, plötzlich richtig werden. Dann beginnt der Zweifel an der Rationalität des Ganzen.«

Welche Sätze galten als wahr? Etwa: Es herrsche soziale Marktwirtschaft, und die habe mit althergebrachten Vorstellungen von Kapitalismus nichts zu tun – also sei auch Marx' Werk nur noch historisches Material. Staubfänger in Bibliotheken. Höchstens noch Munition für linke Niedertrachtsthesen oder altbackene Gewerkschaftsprosa. Plötzlich aber galt das angeblich Falsche als wahr: »Es zeigt sich – wie die Linke immer behauptet hat –, dass ein System, das angetreten ist, das Vorankommen von Vielen zu ermöglichen, sich zu einem System pervertiert hat, das die Wenigen bereichert.« Der das schrieb, ist kein Linker, sondern einer der konservativsten Publizisten Großbritanniens und offizieller Biograph von Margaret Thatcher.

Auch die inzwischen große, anregende, tiefgründige und thematisch weitgreifende Renaissance von Marx kann eines nicht vergessen machen: wie schamlos selbstverständlich sie sich partiell vollzog. Als sei sie das Natürlichste der Welt. Erst Verteufelung, dann eine Hinwendung, als habe es nie etwas anderes als Gewogenheit gegeben. Mich erinnert das an den Irakkrieg. Kritiker Washingtons mussten sich gefallen lassen, als Antiamerikanisten beschimpft zu werden. Wo doch nur ein einziges Verhalten antiamerikanisch gewesen wäre: Bush und Co. *nicht* als Lügner zu geißeln. Wie lange hat es gedauert, bis in den tonangebenden Medien »militärische Einsätze« endlich »Krieg« genannt wurden? Sehr lange. Es mussten die Lügen und Verderbtheiten erst so offenbar werden, dass der Zeitgeist endlich kippte. Vorher nur immer Applaus für antiislamische Verbissenheit – und eine »Unverbrüchlichkeit« der Solidarität mit den USA, die den SED-Beteuerungen des Bruderbundes mit der Sowjetunion in nichts nachstand.

*

Kapital, soziale Marktwirtschaft, Eigentum, Produktionsweise … Über Marx nachdenkend, fällt mir noch eine Episode aus der Geschichte unserer Partei ein. Zum Ende der DDR hin beschloss die Volkskammer ein Gesetz, wonach jede Partei, die an der Wahl teilnehmen wollte, nicht nur ihre Satzung und eine Liste mit den Namen der Vorstandsmitglieder übergeben musste, sondern auch das Parteiprogramm. Wir, mitten in den ersten Stolperschritten der Erneuerung, hatten aber keins, und das letzte Programm der SED konnten wir nicht ernsthaft überreichen. Also bekam der Wirtschaftswissenschaftler Dieter Klein den Auftrag, gemeinsam mit einer schnell zusammengerufenen Arbeitsgruppe ein Programm zu entwerfen. Eine Aufgabe, als beginne man den Bau eines Hauses, und die Mieter stehen schon mit Möbelwagen vor der Baustelle, deren Grube noch nicht einmal ausgehoben ist.

Aber Dieter Klein und sein Trupp schrieben in Windeseile, und an einem Wochenende berieten sie mit mir über den Entwurf. Ich wollte diesen strategischen Text etwas voluminöser, die Menschheit als Ganzes sollte schon vorkommen. Eine der Schwierigkeiten bestand aber darin: Wir wussten nicht, welche Wirtschaftsstruktur wir anstreben sollten. Zwar benötigten wir unbedingt eine funktionierende Marktwirtschaft, doch zugleich galt es die überbordende Macht der großen Konzerne und Banken zu brechen und eine Unterwerfung zum Beispiel der öffentlichen Daseinsvorsorge unter den Markt zu verhindern. Welche Bezeichnung sollten wir nun unserer angestrebten Marktwirtschaft geben?

Wir entschieden uns für einen neuen Begriff, für die »sozialistische Marktwirtschaft«. Niemand hätte zwar genau erklären können, wie die konkret aussehen solle, aber der Begriff klang gut, sogar etwas kühn. Utopische Vorgriffe müssen ja wohl das Unmittelbare der Erfahrungen und den bislang gültigen Stand von Erkenntnissen träumerisch und vorfühlend überschreiten (Marx entwickelte übrigens eine gewisse Skepsis den Utopien gegenüber, nannte sie irgendwann eine »private Hirntätigkeit«). Leider ist beim Druck unseres Entwurfs in der Tageszeitung »Neues Deutschland« ein Fehler unterlaufen. Da nämlich niemand den Begriff der »sozialistischen Marktwirtschaft« kannte, wurde in der Redaktion angenommen, es sei ein Schreibfehler und kurzerhand die geläufige Vokabel »soziale Marktwirtschaft« daraus gemacht. Diese Bezeichnung schlich sich dann auch in den Antrag an den Parteitag – der den Begriff so beschloss. Ich hatte es nicht bemerkt. Das brachte mir später bei den Linken in der alten Bundesrepublik viel Ärger ein. Definitionen und das Leben – oft genug ein Widerspruchspaar.

*

Karl Marx erlangte Weltruhm. Sein Werk ist Weltliteratur. Aber wie relativ das ist! Ein Journalist auf den Spuren von Marx fand Anfang des 20. Jahrhunderts noch einen Stammleser der British Library, der sich persönlich tatsächlich an Marx erinnern konnte. »Ja ja, Dr. Marx, ein Deutscher«, sagte der alte Herr, »der ist über viele Jahre hierhergekommen. Eines Tages ist er einfach weggeblieben, und niemand hat je wieder was von ihm gehört.«
1967 veröffentlichte der Lyriker Heinz Czechowski

in der DDR ein Gedicht, mit dem ich schließen möchte, weil es auf phantastische Art eine wichtige Wahrheit offenbart: Am wenigsten ehrt man einen bedeutenden Geist, indem man ihn zum Heros erhebt; am wenigsten wird man seinem Werk gerecht, wenn man es zum Heiligtum erklärt:

Auch der Satz
»Die Welt ist veränderbar«
Kann
Religion werden.
Aber:
Die Welt ist veränderbar!

Karl Marx: Gut gesagt

Wer nichts achtet, ächtet sich selbst.

Auf den ersten Blick erscheint der bürgerliche Reichtum als eine ungeheure Warensammlung, die einzelne Ware als sein elementarisches Dasein.

Die Philosophie verhält sich zum Studium der realen Welt wie das Onanieren zur sexuellen Liebe.

Wer ein Programm für die Zukunft verfaßt, ist ein Reaktionär.

Das Reich der Freiheit beginnt da, wo Arbeit aufhört.

Was hätte man davon, wenn man klein täte;
es hülfe doch niemand aus der Not, und der
Mensch ist so glücklich, wenn er bedauern
kann.

Jeder Schritt echter Bewegung
ist wichtiger als ein Dutzend Programme.

Die Revolution beginnt im Kopf der Philosophen.

Arbeit ist das Feuer der Gestaltung.

Sie wissen es nicht. Aber sie tun es.

131

»Und die Tat,
sie blieb uns doch«

*Karl Marx: Stationen seines Lebens – Staatsgefährder
und Langzeitverlobter – Mehrings Bewunderung –
Drei Leseempfehlungen: »Mein Herzliebchen«, eine
Abschweifung und der poetische Rat »Nimmer rasten,
nimmer ruhn!«*

K.Marx:
„Tut mir leid Jungs!
War halt nur so'ne Idee von mir..."

Geboren wurde Karl Marx 1818 in Trier. Die linksrheinischen Gebiete und damit auch diese Stadt waren nach
der Französischen Revolution, infolge der daraus wachsenden Kriege, 1794 von französischen Truppen besetzt
worden. 1797 erkannte der deutsche Kaiser Franz II.
den Rhein als Ostgrenze Frankreichs an. Nach einer er-
neuten kriegerischen Auseinandersetzung – dem Zweiten Koalitionskrieg – wurde dieser Grenzverlauf erneut
bestätigt. Die linksrheinischen Bewohner waren nunmehr Bürger Frankreichs und kamen in den Genuss der
Errungenschaften der bürgerlichen Revolution. Dazu
gehörte die Einführung eines bürgerlichen Rechts.

Für Karls Vater Heinrich Marx hieß das, fortan auch
als Jude den Beruf des Rechtsanwalts ausüben zu dürfen. Das änderte sich 1815, als infolge des Wiener Kon-
gresses Trier unter preußische Herrschaft kam. Drei
Jahre vor Marx' Geburt. Heinrich Marx musste, um
weiter als Anwalt arbeiten zu können, zum Protestan-
tismus konvertieren. Wann genau er dies tat, ist nicht
bekannt. Am 26. August 1824 jedoch, also im Alter
von sechs Jahren, wurde Karl Marx getauft.

Für viele Angehörige des liberalen Bürgertums, für Juden besonders, waren der Verlust der französischen Staatsbürgerschaft und der Anschluss ans reaktionäre Preußen eine herbe Erfahrung. Hinzu kam die Diskriminierung der katholischen Mehrheit durch die Protestanten. In den liberalen Kreisen orientierte man sich politisch weiterhin an Frankreich, las in den Clubs die französische, nicht die deutsche Presse. Von diesem gespannten Verhältnis des liberalen Bürgertums zum preußischen Staat wurden Geisteswelt und politisches Bewusstsein des jungen Karl Marx von Anfang an geprägt.

Heinrich Marx pflegte eine enge Freundschaft zu dem königlich preußischen Regierungsrat Ludwig von Westphalen, der gleichfalls Sympathien für liberale Ideen hegte. Der Umgang der beiden Männer miteinander übertrug sich auf deren Söhne Karl und Edgar. Über Edgar lernte Marx seine spätere Frau Jenny von Westphalen kennen.

1835 begann Marx in Bonn ein Studium der Rechtswissenschaften. Bald jedoch wechselte er nach Berlin – und mit dem Studienort auch die wesentlichen Interessen. Die Rechtswissenschaften traten in den Hintergrund, Philosophie und Geschichte wurden zum Zentrum seiner Studien. Aus einem Brief an den Vater aus dem Jahr 1837 wird deutlich, dass Marx sich mit den Rechtswissenschaften nur noch in Form von rechtsphilosophischen Entwürfen befasste. Auch seine schwächliche Konstitution und die Bekanntschaft mit der Hegel'schen Philosophie sind Thema des Briefs. Er offenbart eine eher skeptische Haltung zum Idealismus von Kant und

Fichte, es gibt zudem Hinweise auf einen neuen Freundeskreis, den »Doktorklub« – ein Kreis von Jung- bzw. Linkshegelianern. 1838 starb Heinrich Marx.

Durch den Kontakt mit den Junghegelianern, insbesondere mit Bruno Bauer, fand Marx' erster Radikalisierungsschub statt. Entzündungspunkt war Hegels Staatstheorie, darin insbesondere der irritierende Satz, wonach das Wirkliche vernünftig und das Vernünftige wirklich werde. War das Wirkliche bereits vernünftig, nur weil es existierte? Die Jung- bzw. Linkshegelianer erhoben entschieden Einspruch: Nicht die bloße Faktizität mache etwas bereits vernünftig, daher sei Kritik möglich und nötig.

Politisch setzten die Junghegelianer, wie große Teile des liberalen Bürgertums, ihre Hoffnung auf die Thronbesteigung von Friedrich Wilhelm IV. im Jahr 1840. Als sich jedoch herausstellte, dass der neue Monarch nicht daran dachte, ein Reformprogramm durchzuführen, radikalisierten sich die Linkshegelianer zunehmend und wurden zu wichtigen intellektuellen Impulsgebern des Vormärz. Neben dem bereits erwähnten Bruno Bauer waren David Friedrich Strauß, Arnold Ruge, Ludwig Feuerbach, Moses Hess und Max Stirner wichtige Köpfe. Nach 1843 begann die Strömung des Linkshegelianismus zu zerfallen.

Für Marx hatte dieser enge Kontakt zu den jungen Aufrührern auch negative Auswirkungen. 1841 wurde er in Jena in Abwesenheit mit einer Dissertationsschrift zur »Differenz der demokritischen und epikureischen Naturphilosophie« zwar noch promoviert – seine Hoffnungen auf eine Professur jedoch zerschlugen sich. Er galt den preußischen Behörden als Staatsgefährder. So wandte sich der verhinderte Hochschullehrer dem Journalismus zu.

Die Arbeit als Redakteur der »Rheinischen Zeitung«, ab 1842, erbrachte ein eigenständiges Einkommen – wichtige Prämisse für bürgerliche Anerkennung und damit für eine Heirat mit Jenny von Westphalen. Sie musste vom Zeitpunkt ihrer Verlobung mit Marx bis zur Eheschließung ganze sieben Jahre warten, da Marx der jüngere war und lange Zeit den besagten bürgerlichen Status für eine Eheschließung nicht nachweisen konnte.

In seiner Arbeit selbst vollzog Marx einen entscheidenden Wandel: Ihn interessierte nicht mehr nur die philosophische Debatte, wie sie der linkshegelianische »Doktorklub« betrieben hatte – er wollte die direkte politische Kritik an den deutschen Zuständen. Leidenschaftlich stritt er gegen die Pressezensur und heftiger noch gegen die Reduktion der Pressefreiheit auf die Gewerbefreiheit. Hier deutet sich bereits der Gedanke an, dass Privateigentum nicht nur Freiheit verbürge, sondern auch zur Beschränkung von Freiheit werden kann. Und beharrlich machte er auf die Härte ökonomischer Interessen aufmerksam, die unter der Oberfläche rechtspolitischer Debatten und Theorien des Rechts verborgen liegen.

Die Tätigkeit für die »Rheinische Zeitung« endete im März 1843. Als Grund gab Marx die »Zensurverhältnisse« an, denen er sich nicht beugen wolle. Allerdings gab es bereits ein weiteres publizistisches Projekt, das er mit seinem damaligen Freund Arnold Ruge betreiben wollte, die »Deutsch-Französischen Jahrbücher«. Marx und Ruge zogen im Oktober 1843 nach Paris. Dort hofften sie, weitgehend unbehelligt durch etwaige Zensur arbeiten zu können.

In diesem Jahr heirateten Marx und Jenny von Westphalen. Jenny Marx, geboren am 12. Februar 1814 und gestorben am 2. Dezember 1881, hatte eine Schule für höhere Töchter besucht – Abitur oder gar Studium waren in der damaligen Gesellschaft für Frauen nicht »vorgesehen«.

Über Jenny ist kaum mehr bekannt, als dass sie die Ehefrau von Marx war. Das ist ein unzutreffendes Bild, weil es dieser Frau in keiner Weise gerecht wird. Obwohl ihr die gesellschaftlichen Verhältnisse Studium und Berufstätigkeit verwehrten, erwarb sie sich hohe Bildung. Ihrem Mann war sie Diskussionspartnerin, sie zeigte sich als selbstbewusste Kämpferin innerhalb der Auseinandersetzungen, schrieb Artikel und Theaterkritiken. Auch verhandelte sie bei mehreren Gelegenheiten, etwa bei der Planung der »Deutsch-Französischen Jahrbücher«, in Marx' Namen. Ihr Halbbruder übrigens, Ferdinand von Westphalen, wurde preußischer Innenminister, wollte Marx von dessen revolutionären »Irrwegen« abbringen und versuchte, ihn mit Chancen für eine Staatskarriere zu ködern. Als er dann scheiterte, ließ er seinen Schwager und seine Schwester ständig beobachten, auch noch während des Exils beider.

Die Ehe mit Marx wird nicht einfach gewesen sein. Es waren Zeiten materieller Entbehrung und ein Leben der Ratlosigkeit. Man wechselte mehrfach die Länder, beständig blieben lediglich die Zumutungen. Dazu gehörte Marx' Affäre mit der Haushälterin der Familie, Helena Demuth, die zur Schwangerschaft und zur Geburt von Marx' unehelichem Sohn Frederick Demuth führte. Zwar schwiegen sich Helena Demuth und Marx über ihr Verhältnis und dessen Folgen aus, und tatsächlich gab sich Friedrich Engels als Vater aus. Ein Täuschungsmanöver, eine Vernebelungsaktion, die wohl trotz aller Vorsorge Misstrauen und Verdacht nicht ganz aus dem Weg räumen konnte.

Aber vieles spricht dennoch dafür, dass Marx seine Frau bis zu deren Lebensende liebte. Friedrich Engels, der 1881 die Grabrede für Jenny hielt, soll zu den Marx-Töchtern gesagt haben, der Tod der Frau sei genau genommen auch Marx' eigener: »Der Mohr ist auch gestorben.« »Mohr« war der familiäre Spitzname von Marx.

In der Tat fiel es Marx nach dem Tod seiner Frau schwer, wieder Tritt zu fassen. Das Projekt der »Deutsch-Französischen Jahrbücher« war ein organisatorischer und finanzieller Fehlschlag. Es gelang nicht, französische Autoren, etwa Louis Blanc oder Pierre-Joseph Proudhon, für die Mitarbeit zu gewinnen. Außerdem wurden fast alle bereits gedruckten Exemplare an der deutschen Grenze beschlagnahmt – was den Geldgeber veranlasste, sich zurückzuziehen.

Schließlich verschlechterte sich das persönliche Verhältnis zwischen den Freunden Marx und Ruge. Im Gegensatz zu Ruge interessierte sich Marx zunehmend für sozialistische Autoren seiner Zeit, etwa Proudhon, und für Politische Ökonomie. Er lernte Heinrich Heine kennen, zu dem sich eine herzliche Beziehung entwickelte (sie waren entfernte Verwandte, ohne es zu wissen), und es begann die wichtigste Freundschaft in Marx' Leben: die zu Friedrich Engels.

Sie haben gemeinsam wissenschaftlich gearbeitet, diskutiert, sich wechselseitig Anregungen gegeben und natürlich gemeinsam politisch gewirkt. Es war Engels, der Marx drängte, sich verstärkt mit Ökonomie zu befassen. Umgekehrt nutzte Engels für sein Buch »Der Ursprung der Familie, des Privateigentums und des Staates« die »Ethnologischen Exzerpthefte« von Marx.

Es ist in der letzten Zeit üblich geworden, in Engels den Urheber sämtlicher problematischer Züge im Marxismus zu sehen, insofern man sie nicht unmittelbar der späteren Orthodoxie oder dem Stalinismus zuschreiben kann. Der Philosoph Gerd Irrlitz fragte meiner Meinung nach zu Recht: »Muss Patroklos immer wieder für Achilleus' Heldenruhm sterben?« Vielleicht sollten wir uns einfach mit dem Gedanken vertraut machen, dass Marx und Engels je eigenständige Denker waren, mit jeweils auch unterschiedlichen Auffassungen, die aber auf einmalige Weise miteinander kooperieren konnten.

Engels entstammte einer pietistischen Unternehmerfamilie aus Barmen, heute ein Stadtteil von Wuppertal. Auf Drängen seines Vaters verließ er ein Jahr vor dem Abitur das Gymnasium, um eine Ausbildung als Kaufmann zu beginnen. Er sollte in die Fußstapfen des

Vaters treten und kam auch nie ganz aus diesen heraus. Ab 1841 leistete er in Berlin seinen Militärdienst. Hier kam er in Kontakt zu jenen junghegelianischen Zirkeln, in denen auch Marx verkehrte. In seiner Freizeit besuchte er Vorlesungen an der Berliner Universität. Er setzte sich mit Hegel auseinander, las die religionskritischen Arbeiten der Zeit, kam in Kontakt mit Feuerbachs Materialismus. 1842 veröffentlichte er ebenso wie Marx in der »Rheinischen Zeitung«. In diesem Jahr fand die erste Begegnung zwischen Marx und Engels statt, die wohl recht unterkühlt ausfiel.

Ab Ende 1842 lebte Engels in Manchester, um seine kaufmännische Ausbildung zu vollenden. Hier erlebte er den Industriekapitalismus, lernte das Elend der englischen Arbeiterklasse kennen und stellte Kontakt zu den sozialistischen Organisationen und Intellektuellen in England her, darunter auch zum »Bund der Gerechten«. In Manchester lernte Engels auch die Geschwister Mary und Lydia Burns kennen, zwei irische Baumwollspinnerinnen, denen er zeit seines Lebens in tiefer Liebe verbunden war. Er betrieb die Kritik der bürgerlichen Familie hier auf ziemlich praktische Weise: Wenn auch unter Pseudonym, lebten er und die beiden Schwestern zusammen. Der plötzliche Tod von Mary Burns im Jahr 1863 zog auch eine Krise in der Freundschaft zwischen Marx und Engels nach sich – weil Marx es in seinem Kondolenzschreiben an jeglichem Mitgefühl fehlen ließ und es wohl auch für angebracht hielt, nebenbei auf eigene Probleme hinzuweisen.

Im Jahr 1844 fand in Paris eine erneute Begegnung

zwischen Marx und Engels statt. Sie war außerordentlich intensiv, beide stellten eine Grundübereinstimmung in ihren Ansichten fest, und die lebenslange Freundschaft nahm ihren Anfang.

1845 publizierte Engels seine erste Gemeinschaftsarbeit mit Marx: »Die heilige Familie«. Ein Bekenntnis zur sozialistischen Gesellschaftskritik, eine Pionierarbeit der späteren Soziologie. Um 1845/46 entsteht die »Deutsche Ideologie«. Hier wird die Kritik an den deutschen Verhältnissen erweitert zur Kritik an den deutschen Intellektuellen. 1848 schließlich – Marx und Engels sind Mitglieder des »Bundes der Gerechten« geworden, der sich in »Bund der Kommunisten« umbenennen wird – verfassen beide das »Manifest der Kommunistischen Partei«.

Im März 1848 brach die März-Revolution aus – natürlich kehrten Marx und Engels sofort nach Deutschland zurück. Marx gründete die »Neue Rheinische Zeitung«, als »Organ der Demokratie«. Eine Reichsverfassungskampagne scheitert, revolutionäre Kämpfe flackern auf, Engels wird Mitglied der Badischen Revolutionstruppen und nimmt auch an Gefechten teil. Mit der Niederlage der Revolution müssen Marx und Engels Deutschland verlassen. Marx emigriert über Paris nach London, Engels über die Schweiz ebenfalls nach England.

1870 verließ Engels die Firma Ermen & Engels und verkaufte seine Anteile an Peter Ermen. Er zog nach London und ließ sich zusammen mit Lizzie Burns in der Nähe von Marx' Wohnung nieder. In dieser Zeit entstanden berühmte Werke wie der »Anti-Dühring«, das Fragment »Dialektik der Natur«, »Ludwig Feuerbach und der Ausgang der klassischen deutschen Philosophie« sowie das schon erwähnte Buch »Der Ursprung der Familie, des Privateigentums und des Staates«. Zugleich beriet Engels unermüdlich die sich herausbildende Sozialdemokratie in Deutschland.

Die Freundschaft zwischen Marx und Engels hat wahrscheinlich niemand so plastisch beschrieben wie Franz Mehring: »Es hat niemals an historischen Freundespaaren gefehlt, auch in der deutschen Geschichte nicht, deren Lebenswerk so eng verschmolzen ist, daß es sich nicht in ein Mein und Dein scheiden läßt, aber immer blieb ein spröder Rest des Eigenwillens oder des Eigensinns oder selbst nur ein geheimes Widerstreben, die eigene Persönlichkeit aufzugeben, die nach dem Worte des Dichters, das höchste Glück der Erdenkinder ist. Luther sah in Melanchthon schließlich nur den schwachherzigen Gelehrten und Melanchthon in Luther schließlich nur den rohen Bauer, und man muß schon an stumpfen Sinnen leiden, um in dem Briefwechsel Goethes und Schillers nicht den geheimen Mißton zwischen dem großen Geheimrat und dem kleinen Hofrat zu hören. Der Freundschaft, die Marx und Engels verband, fehlte diese letzte Spur menschlicher Bedürftigkeit; je mehr sich ihr Denken und Schaffen verwob, um so mehr blieb doch jeder von ihnen ein ganzer Mann.

Schon im Äußern unterschieden sie sich. Engels, der blonde Germane, hoch aufgeschossen, mit englischen

Manieren, wie ein Beobachter von ihm sagte: immer sorgsam gekleidet, straff zusammengenommen in der Disziplin nicht nur der Kaserne, sondern auch des Kontors; er wollte mit sechs Kommis einen Verwaltungszweig tausendmal einfacher und übersichtlicher einrichten als mit sechzig Regierungsräten, die nicht einmal leserlich schreiben könnten und einem alle Bücher versauten, so daß kein Teufel daraus klug werde (...)

Dagegen Marx, stämmig, untersetzt (...) lässig in seiner äußeren Haltung: ein geplagter Familienvater, der allem gesellschaftlichen Treiben der Weltstadt fern lebte: hingegeben aufreibender Geistesarbeit, die ihm kaum gestattete, ein schnelles Mittagsmahl einzunehmen, und bis tief in die Nacht auch seine Körperkraft verzehrte: ein rastloser Denker, dem das Denken der höchste Genuß war: darin der rechte Erbe eines Kant, eines Fichte und namentlich eines Hegel, dessen Wort er gern wiederholte: ›Selbst der verbrecherische Gedanke eines Bösewichts ist erhabener und großartiger als die Wunder des Himmels‹, nur daß sein Gedanke unablässig zur Tat drängte: unpraktisch in kleinen, aber praktisch in großen Dingen: viel zu unbeholfen, einen kleinen Haushalt zu ordnen, aber unvergleichlich in der Fähigkeit, ein Heer zu werben und zu führen, das eine Welt umwälzen soll.« Ein herrlicher Text!

1845 war Karl Marx aus Paris ausgewiesen worden. Die Familie emigrierte nach Brüssel. Dort notierte Marx die mit dem Philosophen brechenden Thesen über Feuerbach. In der zusammen mit Engels verfassten »Deutschen Ideologie« wird ein theoretisches Konzept präsentiert, das seither als Historischer Materialismus bezeichnet wird. Es folgte 1847 eine Kritik an Proudhon – »Das Elend der Philosophie«.

1848: Februarrevolution in Frankreich, Märzrevolution in Deutschland. Der Kontinent wird erschüttert. Die belgische Regierung hielt es für angebracht, sich solcher Risikofaktoren wie Marx zu entledigen. Aber auch in Paris steht er vor der Alternative, sich internieren zu lassen oder auch Frankreich zu verlassen. Er emigrierte nach London.

Insbesondere die ersten Jahre des dortigen Exils waren für Marx und seine Familie eine schwere Zeit. Die ersten Monate sind ein Leben am Rande der Obdachlosigkeit, dann gelingt es Marx, eine kleine Wohnung im damaligen Armenviertel Soho aufzutreiben, in der Nr. 64, Dean Street. Wenig später zieht die Familie ein paar Häuser weiter. Erst sechs Jahre später – die materielle Lage hatte sich aufgrund von Erbschaften aus der Familie von Jenny und des Einkommens von Marx aus der journalistischen Arbeit stabilisiert – bezieht die Familie ein Neubauhaus in der heutigen Nr. 46, Grafton Terrace.

In England setzte sich die intensive Zusammenarbeit zwischen Marx und Engels fort – der seinen Freund aus der Geldknappheit befreit, ihm als Autor für Zeitungstexte hilft, damit diese pünktlich geliefert werden können. Ab 1852 wurde Marx Korrespondent der »New York Daily Tribune« – was ihm ein Einkommen sicherte. 1850 erschien die Analyse »Klassenkämpfe in Frankreich« und als Fortsetzung 1852 »Der achtzehnte

Brumaire des Louis Bonaparte«. Letzteres Werk ist ein Musterbeispiel für eine materialistische Geschichtssicht, an analytischer Schärfe kaum zu überbieten.

Schwerpunkte seiner Londoner Zeit sind jedoch die Ausarbeitung seiner Ökonomiekritik und die Arbeit in der Ersten Internationale (Internationale Arbeiter-Assoziation). In dieser Organisation trafen sich Sozialisten verschiedener Länder und Ausrichtung: Anhänger von Bakunin, Marx, Proudhon sowie Vertreter der englischen Gewerkschaftsbewegung. In den Jahren 1857/58 verfasste Marx ein Manuskript, das auch als »Rohentwurf« des »Kapitals« angesehen wurde, die »Grundrisse zur Kritik der politischen Ökonomie«. 1867 erschien der erste Band des Hauptwerks »Das Kapital«.

Die von Friedrich Engels später als zweiten und dritten Band herausgegebenen Texte entstanden noch vor dem ersten Band. Obwohl von Engels mehrfach dazu gedrängt, das »Kapital« zu vollenden, beschäftigte Marx sich mit der ständigen Bearbeitung des bereits veröffentlichten ersten Bands.

Im Verlaufe der sechziger und siebziger Jahre verschlechterte sich Marx' Gesundheitszustand zusehends. Kuraufenthalte unterbrachen seine Arbeit. Der Tod seiner Frau Jenny lähmte ihn für Monate, dann starb auch seine »Lieblingstochter« Jenny. Von diesen Schlägen erholte sich Karl Marx nicht mehr. Er starb am 14. März 1883.

Es scheint, Berge von Büchern verdecken den Blick auf – Bücher: Die Sekundärliteratur über Marx bildet längst eigene Gipfelzüge, eigene Horizonte, hinter denen das Original inzwischen fast wie nachgeordnet wirkt. Aufarbeitung ist manchmal auch Verschüttung. Es macht den Eindruck, als zögen unzählige Wegweiser ihre Bahnen in sämtliche Richtungen, aber den Weg selbst sieht, beachtet kaum noch jemand. Allzu laut darf ich das freilich nicht sagen: Dieses Büchlein macht ja hierin keine Ausnahme. In Anlehnung an Marx könnte man sagen: Philosophen, Politiker, Propagandisten haben ihn nur verschieden interpretiert, es kommt aber vor allem darauf an, ihn wieder zu lesen.

Als Anregung, als Empfehlung daher im Folgenden drei Texte von Karl Marx. Nicht das Große, sondern das Kleine. Ein Brief, ein Feuilleton, ein Gedicht.

Den Brief schrieb er an seine Frau Jenny. Ein Liebesbrief – und was für einer! Aufgesetzt in Manchester, die Ehe stand auf der Kippe, es hatte zwischen beiden aus mehreren Gründen schwer gewittert, Marx versucht nun ein Einlenken, er will unter allen Umständen die gemeinsame Zukunft retten – und deshalb diese Zeilen. Das ist Aufbietung und Offenlegung allen Gefühls, das ist so wunderbar rücksichtslos bis zum Kitsch, das holt sich Sinn und Sinnlichkeit aus dem Arsenal der Literatur. Wenn man an »Das Kapital« denkt, an all die theoretischen Schriften und kämpferischen Artikel, dann zeigt dieser innige Brief, der sich berauscht aufführt wie eine kleine Oper, diese ganz andere Seite von Karl Marx. Der seine Jenny verletzt hatte und nun die eigene Verletzbarkeit gesteht. Hinter dessen flehender Art vielleicht doch auch wieder »nur« der landläufige Mann (Macho?) steckte, der sozusagen ein schlechtes Gewissen hat und nun mit dem schönsten Blumengebinde vor der Tür steht. Marx: der eben nicht nur ein *großer* Mensch, sondern eben auch ein großer *Mensch* war.

Marx' Traktat über das Verbrechen wurde zu seinen Lebzeiten nicht publiziert. Es ist Teil der »Theorien über den Mehrwert«. Ich habe es natürlich mit dem Interesse des Anwalts gelesen – was denn: Marx hält ein Plädoyer für das Verbrechen, als verteidige er ein ganz gewöhnliches, gar ehrbares Gewerbe? Es ist natürlich ein satirischer Text, in dem es aber verflucht dialektisch zugeht. In Goethes »Faust« sagt der Teufel, er sei ein »Teil von jener Kraft, die stets das Böse will und stets das Gute schafft«. Was ist zuerst da: das Gute, das dann vom Bösen attackiert wird, oder das Böse, gegen das sich das Gute zur Wehr setzt? Was ist Ursache, was Wirkung, wenn es um die Verbrechen und Gebrechen einer Gesellschaft geht? Marx zählte an anderer Stelle die Dinge auf, die das Feld für die kapitalistische Produktion eroberten: »der Raub der Kirchengüter, die fraudulente Veräußerung der Staatsdämonen, der Diebstahl des Gemeindeeigentums, die usurpatorische und mit rücksichtslosem Terrorismus vollzogne Verwandlung von feudalem und Claneigentum in modernes Privateigentum«. Und die bürgerlichen Ehrbaren, die das Gesetz verkörpern, es einfordern und kontrollieren – wie ehrbar sind sie wirklich hinter ihren Masken, Kostümen und Kulissen? Ist unsere Moral bedingungslos gut, oder muss sie den Menschen abgerungen werden? Ein feiner böser Text!

Das Gedicht »Empfindungen«, entstanden in der Berliner Zeit 1836/37, ist jener Jenny von Westphalen gewidmet, da sie noch seine Jugendliebe war. Ich kann und will den lyrischen Wert dieser Verse, in denen sich »All« auf »Fall« reimt, nicht beurteilen, aber mich berührt erneut die Leidenschaft, mit der Marx aus seiner Seele herausgeht. Er ist selbstbewusst und zerrissen zugleich, zwingt Leben und Tod, Weltgewinn und Weltzerstörung so nah zusammen, wie das nur Jugend hinbekommt – und fühlt. Da ist so viel Beginn – der wird aber stellenweise ausgesprochen, als sei schon Bilanz zu ziehen. Hier sucht ein Dichtender nach dem Grund und Getriebe, das die Welt bewegt, und wir lesen's, als schlummere da schon der Forscher, der es herausfinden wird.

*

Mein Herzensliebchen.

Ich schreibe Dir wieder, weil ich allein bin und weil es mich geniert, immer im Kopf Dialoge mit Dir zu halten, ohne daß Du etwas davon weißt oder hörst oder mir antworten kannst. Schlecht, wie Dein Porträt ist, leistet es mir die besten Dienste, und ich begreife jetzt, wie selbst die »schwarzen Madonnen«, die schimpfiertesten Porträts der Mutter Gottes, unverwüstliche Verehrer finden konnten ... Jedenfalls ist keins dieser schwarzen Madonnenbilder je mehr geküßt und angeäugelt und adoriert worden als Dein Photograph ...

Ich habe Dich leibhaftig vor mir, und ich trage Dich auf den Händen, und ich küsse Dich von Kopf bis Fuß, und ich falle vor Dir auf die Knie, und ich stöhne: »Madame, ich liebe Sie.« Und ich liebe Sie in der Tat, mehr als der Mohr von Venedig je geliebt hat. Falsch und faul faßt die falsche und faule Welt alle Charaktere auf. Wer von meinen vielen Verleumdern und schlangenzüngigen Feinden hat mir je vorgeworfen, daß ich berufen sei, eine erste Liebhaberrolle auf einem Theater zweiter Klasse zu spielen? Und doch ist es wahr. Hätten die Schufte Witz besessen, sie hätten »die Produktions- und Verkehrsverhältnisse« auf die eine Seite gemalt und mich zu Deinen Füßen auf der andern. Look to this picture and to that – hätten sie drunter geschrieben. Aber dumme Schufte sind, und dumm werden sie bleiben, in seculum seculorum.

Momentane Abwesenheit ist gut, denn in der Gegenwart sehn sich die Dinge zu gleich, um sie zu unterscheiden ... Du brauchst mir nur durch den bloßen Traum entrückt zu

151

sein, und ich weiß sofort, daß die Zeit ihr nur dazu gedient hat, wozu Sonne und Regen den Pflanzen dient, zum Wachstum. Meine Liebe zu Dir, sobald Du entfernt bist, erscheint als was sie ist, als ein Riese, in die sich alle Energie meines Geistes und aller Charakter meines Herzens zusammendrängt. Ich fühle mich wieder als Mann, weil ich eine große Leidenschaft fühle ... Die Liebe, nicht zum Feuerbachschen Menschen, nicht zum Moleschottschen Stoffwechsel, nicht zum Proletariat, sondern die Liebe zum Liebchen und namentlich zu Dir, macht den Mann wieder zum Mann.

Du wirst lächeln, mein süßes Herz, und fragen, wie ich auf einmal zu all der Rhetorik komme. Aber könnte ich Dein süßes weißes Herz ans Herz drücken, so würde ich schweigen und kein Wort sagen. Da ich nicht küssen kann mit den Lippen, muß ich mit der Zunge küssen und Worte machen. Ich könnte in der Tat sogar Verse machen und Ovids »Libri Tristium«, zu teutsch Bücher des Jammers, nachreimen. Er war bloß vom Kaiser Augustus verbannt. Ich aber bin von Dir verbannt, und das begriff Ovid nicht.

Es gibt in der Tat viele Frauenzimmer auf der Welt, und einige darunter sind schön. Aber wo finde ich ein Gesicht wieder, wo jeder Zug, selbst jede Falte die größten und süßesten Erinnerungen meines Lebens wieder erweckt? Selbst meine unendlichen Schmerzen, meine unersetzlichen Verluste lese ich in Deinem süßen Antlitz, und ich küsse mich weg über den Schmerz, wenn ich Dein süßes Gesicht küsse. »Begraben in ihren Armen, auferweckt von ihren Küssen« – nämlich in Deinen Armen und von Dei-

nen Küssen, und ich schenke den Brahmanen und dem Pythagoras ihre Lehre von der Wiedergeburt und dem Christentum seine Lehre von der Auferstehung ... Ade mein süßes Herz. Ich küsse Dich viel tausendmal und die Kinder.

Dein Karl
21.6.1856

*

Abschweifung
(über produktive Arbeit)

Ein Philosoph produziert Ideen, ein Poet Gedichte, ein Pastor Predigten, ein Professor Kompendien usw. Ein Verbrecher produziert Verbrechen. Betrachtet man näher den Zusammenhang dieses letztren Produktionszweigs mit dem Ganzen der Gesellschaft, so wird man von vielen Vorurteilen zurückkommen. Der Verbrecher produziert nicht nur Verbrechen, sondern auch das Kriminalrecht und damit auch den Professor, der Vorlesungen über das Kriminalrecht hält, und zudem das unvermeidliche Kompendium, worin dieser selbe Professor seine Vorträge als »Ware« auf den allgemeinen Markt wirft. Damit tritt Vermehrung des Nationalreichtums ein. Ganz abgesehn von dem Privatgenuß, den, wie uns ein kompetenter Zeuge, Prof. Roscher, (sagt) das Manuskript des Kompendiums seinem Urheber selbst gewährt.

Der Verbrecher produziert ferner die ganze Polizei und

Kriminaljustiz, Schergen, Richter, Henker, Geschworene usw.; und alle diese verschiednen Gewerbszweige, die ebenso viele Kategorien der gesellschaftlichen Teilung der Arbeit bilden, entwickeln verschiedne Fähigkeiten des menschlichen Geistes, schaffen neue Bedürfnisse und neue Weisen ihrer Befriedigung. Die Tortur allein hat zu den sinnreichsten mechanischen Erfindungen Anlaß gegeben und in der Produktion ihrer Werkzeuge eine Masse ehrsamer Handwerksleute beschäftigt.

Der Verbrecher produziert einen Eindruck, teils moralisch, teils tragisch, je nachdem, und leistet so der Bewegung der moralischen und ästhetischen Gefühle des Publikums einen »Dienst«. Er produziert nicht nur Kompendien über das Kriminalrecht, nicht nur Strafgesetzbücher und damit Strafgesetzgeber, sondern auch Kunst, schöne Literatur, Romane und sogar Tragödien, wie nicht nur Müllners »Schuld« und Schillers »Räuber«, sondern selbst »Ödipus« und »Richard der Dritte« beweisen.

Der Verbrecher unterbricht die Monotonie und Alltagssicherheit des bürgerlichen Lebens. Er bewahrt es damit vor Stagnation und ruft jene unruhige Spannung und Beweglichkeit hervor, ohne die selbst der Stachel der Konkurrenz abstumpfen würde. Er gibt so den produktiven Kräften einen Sporn. Während das Verbrechen einen Teil der überzähligen Bevölkerung dem Arbeitsmarkt entzieht und damit die Konkurrenz unter den Arbeitern vermindert, zu einem gewissen Punkt den Fall des Arbeitslohns unter das Minimum verhindert, absorbiert der Kampf gegen das Verbrechen einen andern Teil derselben Bevölkerung. Der Verbrecher tritt so als eine jener natürlichen »Ausgleichungen«

ein, die ein richtiges Niveau herstellen und eine ganze Perspektive »nützlicher« Beschäftigungszweige auftun.

Bis ins Detail können die Einwirkungen des Verbrechers auf die Entwicklung der Produktivkraft nachgewiesen werden. Wären Schlösser je zu ihrer jetzigen Vollkommenheit gediehn, wenn es keine Diebe gäbe? Wäre die Fabrikation von Banknoten zu ihrer gegenwärtigen Vollendung gediehn, gäbe es keine Falschmünzer? Hätte das Mikroskop seinen Weg in die gewöhnliche kommerzielle Sphäre gefunden (siehe Babbage) ohne Betrug im Handel? Verdankt die praktische Chemie nicht ebensoviel der Warenfälschung und dem Bestreben, sie aufzudecken, als dem ehrlichen Produktionseifer? Das Verbrechen, durch die stets neuen Mittel des Angriffs auf das Eigentum, ruft stets neue Verteidigungsmittel ins Leben und wirkt damit ganz so produktiv wie strikes auf Erfindung von Maschinen. Und verläßt man die Sphäre des Privatverbrechens: Ohne nationale Verbrechen, wäre je der Weltmarkt entstanden? Ja, auch nur Nationen? Und ist der Baum der Sünde nicht zugleich der Baum der Erkenntnis seit Adams Zeiten her? Mandeville in seiner »Fable of the Bees« (1705) hatte schon die Produktivität aller möglichen Berufsweisen usw. bewiesen und überhaupt die Tendenz dieses ganzen Arguments: »Das, was wir in dieser Welt das Böse nennen, das moralische so gut wie das natürliche, ist das große Prinzip, das uns zu sozialen Geschöpfen macht, die feste Basis, das Leben und die Stütze aller Gewerbe und Beschäftigungen ohne Ausnahme; hier haben wir den wahren Ursprung aller Künste und Wissenschaften zu suchen; und in dem Moment, da das Böse aufhörte, müßte die Gesellschaft verderben, wenn nicht gar

gänzlich untergehen.« Nun war Mandeville natürlich unendlich kühner und ehrlicher als die philisterhaften Apologeten der bürgerlichen Gesellschaft.

(MEW 26.1)

*

Empfindungen

Nimmer kann ich ruhig treiben,
Was die Seele stark erfaßt,
Nimmer still behaglich bleiben,
Und ich stürme ohne Rast.

Andre mögen nur sich freuen,
Wenn's so recht zufrieden geht,
Mögen Glückwunsch sich erneuen,
Beten nur ihr Dankgebet.

Mich umwogt ein ewig Drängen,
Ew'ges Brausen, ew'ge Glut,
Kann sich nicht ins Leben zwängen,
Will nicht ziehn in glatter Flut.

Himmel such ich zu erfassen
Und die Welt an mich zu ziehn,
Und in Lieben und in Hassen
Möcht ich bebend weitersprühn.

Alles möcht ich mir erringen,
Jede schönste Göttergunst,
Und in Wiesen wagend dringen
Und erfassen Sang und Kunst;

Welten selber stark zerstören,
Weil ich keine schaffen kann,
Weil sie meinen Ruf nicht hören,
Stummgekreist im Zauberbann.

Ach! die Toten, Stummen gaffen
Unsre Taten höhnend an,
Wir zerfalln und unser Schaffen,
Und sie wandeln ihre Bahn.

Doch ich möcht ihr Los nicht tauschen,
Von der Flut dahingejagt,
Ewig fort im Nichts zu rauschen,
Pracht, die stets sich selbst beklagt.

Denn die Mauern und die Hallen,
Alles stürzt im raschen Lauf,
Kaum sind sie im Nichts zerfallen,
Und ein neues Reich steigt auf.

Und so schwankt es durch die Jahre,
Von dem Nichts bis zu dem All,
Von der Wiege bis zur Bahre,
Ew'ges Steigen, ew'ger Fall.

Und so treiben tief die Geister,
Bis sie selbst sich aufgezehrt,
Bis sie ihren Herrn und Meister
Selber schonungslos verheert.

Drum lass den Kreis durcheilen,
Den ein Gott uns herrschend zog,
Laßt uns Lust und Leiden teilen,
Wie die Schicksalswaage wog.

Darum laßt uns alles wagen,
Nimmer rasten, nimmer ruhn,
Nur nicht dumpf so gar nichts sagen
Und so gar nichts wolln und tun.

Nur nicht brütend hingegangen,
Ängstlich in dem niedern Joch,
Denn das Sehnen und Verlangen
Und die Tat, sie blieb uns doch.

Verwendete Literatur (Auswahl):

Alle Äußerungen von Karl Marx werden zitiert nach:
Marx Engels Werke (MEW), Berlin 1957

Bloch, Ernst: Das Prinzip Hoffnung, Frankfurt/Main
    1985
Brecht, Bertolt: Werke Band 3, Berlin und Frankfurt/
    Main 1988

Czechowski, Heinz: Wasserfahrt. Gedichte, Halle/Saale
    1967

Gysi, Gregor: Ein Leben ist zu wenig. Autobiographie,
    Berlin 2017
Gysi, Gregor (mit Stephan Hebel): Ausstieg links. Eine
    Bilanz, Frankfurt/Main 2015
Gysi, Gregor/Schorlemmer, Friedrich: Was bleiben
    wird. Ein Gespräch über Herkunft und Zukunft,
    Berlin 2015

Limmroth, Angelika: Jenny Marx. Die Biographie, Ber-
    lin 2014

Löw, Konrad: Der Mythos Marx und seine Macher. Wie aus Geschichten Geschichte wird, München 2001

Mehring, Franz: Gesammelte Schriften, Berlin 1960

Neffe, Jürgen: Marx. Der Unvollendete, München 2017

Schirrmacher, Frank: Ungeheuerliche Neuigkeiten. Texte aus den Jahren 1990 bis 2014, München 2014

Bildnachweis

Picture alliance/dpa S. 10, 58, 80, 118
H-Bild Illustration und Grafik S. 26
Roland Beier S. 134